JONAS VERLAG

© Jonas Verlag für Kunst und Literatur GmbH, Kromsdorf/Weimar 2017
www.jonas-verlag.de · info@jonas-verlag.de

Gestaltung: Satzzentrale GbR, Marburg
Satz: Monika Aichinger, Jonas Verlag
Druck: Westermann Druck Zwickau GmbH, Zwickau
ISBN 978-3-89445-541-5

Bibliografische Information der Deutschen Nationalbibliothek
Die Deutsche Nationalbibliothek verzeichnet diese Publikation in der Deutschen Nationalbibliografie; detaillierte bibliografische Daten sind im Internet über http://d-nb.de abrufbar.

ars ecclesia: Kunst vor Ort, Bd. 4

Hrsg. von Esther Meier und Barbara Welzel

Die ehemalige Klosterkirche der Zisterzienserinnen in Netze

hrsg. von Birgit Kümmel und Esther Meier

JONAS VERLAG

Inhalt

Vorwort 6

Jürgen Römer
Das waldeckische Hauskloster Netze – Grundzüge seiner Geschichte 9

Jens Rüffer
Die Klosterkirche zu Netze – Fragen an die Baugeschichte 23

Jens Rüffer
Gründungsurkunde des Klosters Netze (1228) 36

Claus Peter
Die alte Glocke der Netzer Kirche 39

Inga Brinkmann
Die Grabkapelle St. Nikolaus als Begräbnis der Grafen von Waldeck 49

Iris Grötecke
Das Netzer Retabel – Standort, Funktionen, Publikum 59

Alexandra König
Verborgen und doch sichtbar –
eine gemäldetechnologische Analyse zum Netzer Retabel 77

Tafelteil 89

Vorwort

Die Kirche in Netze ist weit über die Ortsgrenzen hinaus bekannt. Sie erlangte überregionale Bedeutung dank ihrer spezifischen Geschichte als Hauskloster der Grafen von Waldeck und der Ansiedlung einer Schwesternschaft, die später in den Zisterzienserorden inkorporiert wurde, dank ihrer charakteristischen Architektur, die den Nutzungsfunktionen Nonnenkirche, Gemeindekirche und gräfliche Grablege entspricht, und ihrer bemerkenswerten Ausstattungsstücke, wie der alten Glocke, dem bildreichen Altaraufsatz oder den Grabmonumenten in der Nikolauskapelle.

Die Architektur und die Bildwerke sind Zeugnisse einschneidender Veränderungen: Zum einen belegen sie die gewandelten Nutzungsbedürfnisse, die entsprechende Umbauten und Anschaffungen nötig machten, und zum anderen wurde mit der Aufstellung eines neuen Bildwerks, der Errichtung einer Kapelle oder eines Altars die Nutzungsmöglichkeit des Kirchenraums erweitert. Die vertrauten Riten, Zeremonien und Andachtsübungen erhielten durch die jeweilige Veränderung der Ausstattung ein neues Gepräge. Einen ersten greifbaren Einschnitt markiert die Ansiedlung der Nonnen im Jahr 1228, mit der die kleine Dorfkirche, die bis dahin von den Bewohnern des Ortes genutzt wurde, auch als Klosterkirche fungierte und Umbauten nötig wurden. Von nun an versammelten sich die Schwestern mehrmals täglich auf der eingebauten Nonnenempore, um ihre Stundengebete zu halten, so dass die Kirche von dem Gesang und den gesprochenen Worten erfüllt war und die Ortsbewohner die Nonnen wahrnahmen, obwohl sie diese nicht sahen.

Auch die neue Glocke, die man im Hochmittelalter goss, setzte eine Zäsur, denn die damalige Gesellschaft richtete sich nach kollektiven Zeichen – wie dem regelmäßigen Glockenschlag – und vermochte zu unterscheiden, ob das Geläut die volle Stunde geschlagen, ein Gebet, der Tod eines Menschen, die Bestattung eines Grafen oder aber drohende Gefahr angezeigt wurde. In einer solchen Gesellschaft bedeutete die Anschaffung einer neuen Glocke eine akustische Neugestaltung des gewohnten Tagesablaufs. Hatte die Kirche gar erstmals eine Glocke erhalten, so schied deren Installation deutlich die jetzige Zeit von der vormaligen glockenlosen Zeit. Ebenso mag der Erwerb des Retabels als ein Wendepunkt empfunden worden sein, denn nun war auf dem Hauptaltar der Kirche ein umfangreiches Bildwerk zu sehen, das während und außerhalb der Messe kollektiv oder individuell genutzt werden konnte. Durch die vielen Bestattungen in der Grabkapelle veränderte sich das dortige Raumgefüge beständig, denn mit der Aufstellung eines neuen Grabmonuments und der Einlassung einer neuen Grabplatte entstanden zwischen den Bild- und Textsteinen neue Bezüge.

Mit der 1526 in Waldeck eingeführten Reformation erhielten die Objekte das Gepräge der Vergangenheit. Das Retabel, das der katholischen Theologie und Liturgie entsprach, und die Grabmäler, die die katholische Jenseitsvorstellung zum Ausdruck brachten, stimmten nicht mehr mit den theologischen und rituellen Gegebenheiten des Protestantismus überein. Auch hallten nun nicht mehr im vertrauten Zeitrhythmus die gesprochenen und

Birgit Kümmel, Esther Meier

gesungenen Texte des klösterlichen Stundengebets durch den Kirchenraum. Womöglich hatte sich auch die Läuteordnung geändert, so dass die bekannten Glockenschläge zumindest zu gewissen Zeiten ausblieben und die Menschen im Dorf und auf den Feldern nicht mehr die vertrauten akustischen Zeichen vernahmen, sondern sich nach den neuen gegenwärtigen richteten. Mit der einschneidenden Zäsur Reformation waren die katholischen Werke und ihre Nutzung zur Vergangenheit geworden. Zwar existierten sie rein materiell im gegenwärtigen Raum fort, doch hatte sich ihre Funktion grundlegend gewandelt und veränderte sich im Laufe der folgenden Jahrhunderte weiterhin. Bis in die heutige Gegenwart bekommen die Kirche und ihre Werke durch das je eigene Verständnis der Zeiten eine sich wandelnde Bedeutung zugeschrieben.

Im August 2015 fand in Netze ein Kolloquium zur Klosterkirche, ihrer Geschichte, Architektur und ihren Objekten statt, dessen Vorträge hier publiziert werden. Die Veranstaltung erfolgte in einer guten Zusammenarbeit mit dem Referat für Erwachsenenbildung der Evangelischen Kirche von Kurhessen-Waldeck. Dafür sei namentlich Martina Gnadt und Regina Ibanek gedankt. Das Kolloquium profitierte von der Gastfreundschaft und großen Unterstützung der Kirchengemeinde Netze. Dafür danken wir besonders Pfarrerin Karin Lilie, Pfarrer Til Anders Follmann, Frieda Trappmann und Schwester Sigrid Vollaard. Ebenso sei Dekanin Petra Hegmann herzlich gedankt. Gerhard Jost (Kassel) gestattete uns großzügig die Publikation seiner Aufnahmen. Von Seiten des Instituts für Kunst und Materielle Kultur der TU Dortmund erhielten wir vielfältige Hilfe von Barbara Welzel, Christin Ruppio und Ilona Barlog. Das Museum Bad Arolsen unterstützte das Kolloquium in großzügiger Weise. Die Drucklegung schließlich konnte dank der großzügigen finanziellen Zuwendung des Landkreises Waldeck-Frankenberg, des Waldeckischen Geschichtsvereins und der Evangelischen Kirche Kurhesse-Waldeck realisiert werden.

Birgit Kümmel, Esther Meier

Das waldeckische Hauskloster Netze – Grundzüge seiner Geschichte

Jürgen Römer

Einführung

Das in der Grafschaft Waldeck im 13. Jahrhundert gegründete Kloster Marienthal in Netze diente der sich in dieser Zeit herausbildenden Grafenfamilie von Waldeck aus Hauskloster und Grablege. Von den einstigen Klostergebäuden hat sich nichts erhalten. Die für die Zwecke monastischer Nutzung mehrfach umgebaute Kirche mit der aus dem 14. Jahrhundert stammenden Grabkapelle St. Nikolai bewahrt alleine die bauliche Erinnerung an das Kloster, in dem von 1228 bis um die Mitte des 16. Jahrhunderts Nonnen nach den Gewohnheiten der Zisterzienser lebten.

Der vorliegende Beitrag soll allgemein in die Geschichte des Klosters Marienthal einführen. Dabei kann er sich einerseits auf die urkundliche Überlieferung dieses Konvents stützen, andererseits auf etliche Arbeiten der Forschung. Gut 300 Urkunden aus dem früheren Kloster bewahrt das Hessische Staatsarchiv Marburg auf; hinzu kommen einige Stücke aus den Fonds anderer Klöster, auf die weiter unten eingegangen werden soll.[1] Erzählende Quellen oder anderes Schriftgut, die die Urkunden ergänzen könnten, liegen nicht vor. Die älteren Urkunden bis 1325 sind zum Teil in den Bänden des Westfälischen Urkundenbuchs und andernorts ediert worden.[2] Jüngere Urkunden sind nur in wenigen Ausnahmen im Druck erschienen und in den beiden Urkundenbüchern der Klöster Haina und Georgenberg zu finden.[3] Alle weiteren Editionen sind verstreute Einzelstücke, auf die z. T. im Folgenden eingegangen wird.

Eine Zusammenfassung der wichtigsten Informationen zur Geschichte des Klosters Netze wurde vor wenigen Jahren von Katharina Schaal im Rahmen der Germania Benedictina vorgelegt.[4] Diese zuverlässige Grundlage bildete denn auch die Basis des vorliegenden Beitrags. Nicht an allen Stellen wird ausdrücklich auf sie verwiesen.

Dieser Beitrag will neben einer allgemeinen Einführung vor allem die äußeren Kontakte des kleinen Klosters in den Blick nehmen sowie zugleich die Umgebung, konkret die Grafschaft Waldeck. Neue Forschungsergebnisse spielen eine untergeordnete Rolle.

Die Grafschaft Waldeck

Die Grafschaft Waldeck, in der Neuzeit zum Fürstentum erhoben und als staatliche Einheit von einer staunenswerten Zähigkeit, liegt zwischen der Eder im Süden und der Diemel im

Norden im Grenzbereich größerer und mächtigerer Nachbarn.[5] Von dieser Grenzlage wurde auch die Geschichte des Klosters Netze – wie es weitgehend auch schon in den mittelalterlichen Quellen genannt wird[6] – beeinflusst. Hier, am Ostabhang des Rothaargebirgskamms, stoßen seit dem Frühmittelalter die Diözesen Mainz, Paderborn und Köln aneinander. Hinzu kommt die vermutlich seit mindestens dieser Zeit bestehende Sprachgrenze zwischen dem Mitteldeutschen und dem Niederdeutschen, die Waldeck in seinen südlichen Teilen durchschneidet. Nach Osten und Süden grenzen große Waldgebiete Waldeck gegen Hessen ab, nach Norden, in den westfälischen Raum, sind die Grenzen in der Landschaft weniger deutlich sicht- und spürbar.

In der frühen Karolingerzeit gelangte das Edertal unter den Einfluss des Mainzer Erzbistums, der Norden fiel an die Paderborner Diözese. Köln hatte einen kleinen eigenen Standort auf später waldeckischem Boden östlich der alten Hansestadt Medebach. Einflussreich in der Region war daneben das Kloster Corvey an der Weser, das seine Besitzungen sukzessive bis zur waldeckischen Südwestgrenze ausbauen konnte.

Unterhalb der großen geistlichen Territorien bildeten sich kleine Adelsherrschaften. Ihre Grenzen lassen sich kaum erkennen und die von ihnen akkumulierten Rechte, Besitzungen und Einkünfte waren nur selten in größerem Maß flächendeckend. Diese Zersplitterung begann sich im Verlauf des 12. und frühen 13. Jahrhunderts nachhaltig zu ändern. Diese Veränderung hatte ihren Ausgangspunkt weiter im Norden, im Bergland links der Weser. Dort erschienen auf ihrem gleichnamigen Stammsitz die Grafen von Schwalenberg, die im Dienst Kaiser Lothars und der Welfen zu einer Größe im altsächsischen Raum wurden.

Ausgangspunkte für das stärkere territoriale Engagement der Familie zwischen Diemel und Eder bildeten die Vogteien einerseits über das Kloster Corvey und andererseits über das Paderborner Hochstift. Graf Widukind I. von Schwalenberg heiratete 1130 mit Liutrud die Erbin der älteren Herren von Itter, einer alten Herrschaft inmitten des späteren Waldeck südlich der heutigen Kreisstadt Korbach. Diesem ersten Schritt in die Region folgten bald weitere, begünstigt durch die reichspolitische Karriere der Grafenfamilie. Erstmals 1180 nennt sich der Schwalenberger Graf Widukind III. auch „de Waltecke". Dieser Name rührt von der Burg hoch über der Eder im Südosten des Territoriums her, die eine ältere Herrenfamilie errichtet hatte, und die zugleich den Ursprung des heutigen Schlosses Waldeck bildet. Zwischen Corvey und dem Erzbistum Köln drohte die neue Herrschaft unterzugehen, doch konnte sie sich ab etwa 1230, nach der endgültigen Loslösung von Schwalenberg, allmählich stabilisieren. In diesen Zusammenhang gehört die Gründung Netzes. Graf Adolf I., zusammen mit seinem Bruder Volkwin Gründer des neuen Familienklosters, war eine erfolgreiche Persönlichkeit, dessen Leistungen als Landesherr maßgeblich zum Bestand Waldecks beigetragen haben.

Mit der Privilegierung vorhandener Klöster sowie der Gründung eines eigenen Hausklosters suchte Adolf seine Position zu festigen. Dazu kam eine aktive Stadtgründungspolitik, die das kleine Land mit einem Netz von Städtchen überzog, das noch heute das Bild prägt. Rhoden, Landau, Freienhagen, das von Hessen errungene Niederwildungen, Sachsenberg, Fürstenberg und andere Orte mehr trugen zu einer Verdichtung der Bevölkerung bei. Auf Burgen, wie diejenige auf dem Eisenberg, schufen die Grafen Konzentrationspunkte landesherrlichen Regiments. Vor allem an der Ostgrenze nach Hessen und den kölnischen und mainzischen Exklaven Volkmarsen und Naumburg ist ein planvoller Landesausbau zu greifen.

Klöster in Waldeck

Neben verhältnismäßig vielen Städten weist Waldeck auch eine bemerkenswerte Dichte an Klöstern und Stiften auf.[7] In einem kleinen Gebiet von wenigen Dutzend Kilometern Länge und Breite entstanden seit dem Hochmittelalter etwa zwölf Konvente verschiedener Orden mit einer Vielfalt an Lebensweisen. Mit dem Benediktinerkloster Flechtdorf, dessen für die Baugeschichte hochmittelalterlicher Konventsgebäude höchst bedeutender Kreuzgangsflügel aus dem 12. Jahrhundert noch in größeren Teilen erhalten sind, begann die monastische Geschichte Waldecks.[8]

Einige Jahrzehnte später gründete die Adlige Gepa, die letzte Erbin der Herren von Itter und Schwiegermutter Widukinds von Schwalenberg, eine – wie es in der Gründungsurkunde heißt – „neue Pflanzung frommer Frauen" an der Stelle der heutigen Stadt Bad Arolsen.[9] Das exakte Datum der Gründung ist nicht sicher, doch wird sie sich in der Zeit um 1131 vollzogen haben.

Über die Gründe für die Stiftung Gepas ist wenig bekannt. Neben ihrer sicherlich vorhandenen, persönlichen Frömmigkeit dürfte eine Rolle spielen, dass sie sich wohl einen Witwensitz schuf, der ihr als alleinstehender Frau ein standesgemäßes Leben ermöglichte. Es ist zwar nicht sicher, ob sie selbst in das Kloster eintrat, doch liegt diese Annahme nahe. Ihre einzige Tochter Lutrud war mit dem Grafen Widukind von Schwalenberg verheiratet und wurde daher über ihren Sohn Volkwin zur Stammmutter der Grafen von Waldeck. Als Hauskloster einer Grafendynastie, wie es im rund hundert Jahre späteren Netze zu sehen ist, dürfte ihre Gründung jedoch nicht einzuschätzen sein.

Von großer Bedeutung für die territoriale Erfassung erwiesen sich, wie bereits erwähnt, die Klöster, die das Land rasch mit einem außergewöhnlich dichten Netz überzogen. Die Urkunden, die Stifter und Förderer ausstellten, sind die wichtigsten Schriftquellen zur waldeckischen mittelalterlichen Geschichte. Neben Flechtdorf und Arolsen verdienen Werbe, Berich, Schaaken, Netze und das Franziskanerkloster zu Korbach besondere Erwähnung.

Gründung und Entwicklung des Klosters Netze

Gründungsvorgänge mittelalterlicher Klöster sind in vielen Punkten bis heute kaum erforscht, was nicht zuletzt an der nicht vorhandenen Quellenüberlieferung für die Planungen und Vorbereitungen solcher Vorgänge liegt. In Anlehnung an Anne-Marie Helvétius habe ich darauf vor geraumer Zeit auch bei den waldeckischen Klöstern hingewiesen.[10]

1228 stifteten die Grafen Volkwin und Adolf von Schwalenberg und Waldeck das Zisterzienserinnenkloster Marienthal und schenkten diesem aus ihrem Eigengut am Ort den bereits vorhandenen Kirchenbau.[11] Dieses Faktum, dokumentiert durch die Urkunde, löst eine Reihe von Fragen aus, unter anderem die nach dem Grund für die Wahl der Zisterzienserinnen. Victor Schultze meinte, die Initiative für die Gründung eines Zisterzienserinnenkonvents sei von Volkwin ausgegangen, der erst kurz zuvor das nicht weit entfernt gelegene Zisterzienserkloster Haina unterstützt hatte.[12] Dieses Indiz wird gestützt durch eine weitere Klostergründung Volkwins knapp zwanzig Jahre später. Er stiftete das Zisterziensernonnenkloster Falkenhagen. Es war nach einer ersten Gründung nahe der Burg Schwalenberg an den späteren Standort verlegt worden, aus dem das gleichnamige Dorf bei Lügde hervorging.[13] Das von Volkwin unter dem Namen Burghagen gegründete Kloster wird 1231 und 1246 genannt. Unter dem neuen Namen Falkenhagen wurde es 1249 als Zisterziensernonnenkloster in päpstlichen Schutz genommen. Dieser Konvent und das Netzer Kloster könnten als eine Sühnestiftung für feindliche Akte gegen den Bischof von Paderborn gegründet worden sein.[14]

Eine weitere Frage gilt der Wahl des Ortes, bei der die oben bereits genannte Grenzlage Waldecks ins Spiel kommt. Die Grafen von Waldeck legten Wert auf den Erwerb von Rechten und Gütern im althessischen Bereich des Edertals, um sich beim Ausbau ihrer Herrschaft gegenüber der westfälischen Herzogsmacht absichern zu können. Das könnte die Wahl des Ortes Netze erklären: Das Kloster sollte deutlich außerhalb Westfalens liegen.[15] Eine zeitliche Parallelität zwischen der Teilung der Grafschaft unter die Brüder Volkwin und Adolf und der Gründung Netzes nimmt auch Schaal an.[16] In diese Zeit nämlich fällt ein Zwist zwischen den Grafen und den Bischöfen von Paderborn um dieselben Gebiete. Schaal vermutet deshalb, die Gründung habe den Grafen einen Vorteil verschaffen sollen.[17] Dazu passt, dass das Verhältnis zwischen den Waldeckern und den Erzbischöfen von Mainz im ganzen 13. Jahrhundert freundschaftlich war.[18]

Einer knappen Erwähnung bedarf die Frage, ob die Gründung Netzes eine Sühnestiftung war, und wenn ja, welches Vergehen gesühnt werden sollte. Die ältere Forschung hatte immer wieder einen Zusammenhang mit der Ermordung des Kölner Erzbischofs Engelbert 1225 vermutet, an der die Schwalenberger/Waldecker beteiligt gewesen seien. Heute indes geht man davon aus, es seien andere Vergehen gesühnt worden, etwa Angriffe auf den Paderborner Oberhirten.[19] Schließlich ist bemerkenswert, dass die Grafen bei der Gründung des Klosters auf die Ausübung der Gerichtsbarkeit über dessen Güter verzichteten.[20] Diese Zurückhaltung der Grafen hinsichtlich der Gerichtsbarkeit über das Kloster konnte jedoch in bestimmten Situationen aufgeweicht oder angepasst werden, etwa bei der Inkorporation in den Zisterzienserorden 1487, die ihre Rechte tangierte.[21]

Die Besitzungen des Klosters werden von Bockshammer in ihrem Umfang als eher mäßig eingeschätzt.[22] Vor allem für die Gründungsphase weist er auf die Konkurrenz zu den sehr nahe gelegenen, älteren Klöstern Berich und Werbe hin.[23] Gemäß der wichtigsten Grunderwerbsvorgänge wurden zunächst nur Güter aus der näheren Umgebung dem Kloster übergeben, während ab der Mitte des 13. Jahrhunderts auch etwas weiter entfernte Besitzungen wie etwa in Berndorf (heute Gemeinde Twistetal) oder im 14. Jahrhundert in Welleringhausen (Gemeinde Willingen/Upland) hinzukommen.

Bei der Gründung des Klosters waren bereits ein Propst und ein Kaplan vorhanden.[24] Hock betont in ihrer vergleichenden Untersuchung die starke Stellung der Pröpste,[25] die zu einer entsprechend schwachen Position der Äbtissinnen passe, für die die urkundliche Überlieferung Belege liefere.[26]

Zur Zusammensetzung des Konvents können vor allem in der frühen Zeit kaum Angaben gemacht werden; Töchter des ministerialischen Adels der Umgebung sind in einigen Fällen nachgewiesen.[27] Sie lebten nach den Consuetudines des Zisterzienserordens, so wie es die Gründungsurkunde festgelegt hatte. Die formelle Inkorporation in den Orden erfolgte jedoch erst 1487 mit der Festlegung von Kamp als Mutterkloster. Die tatsächliche Herkunft des Gründungskonvents ist unbekannt. Die Überlieferung von Kamp berichtet, es seien seinerzeit Nonnen aus dem westfälischen Benninghausen nach Netze gesandt worden, aus deren Mitte eine neue Äbtissin gewählt worden sei.[28] Zu der erst so spät erfolgten Inkorporation in den Orden ist zu berücksichtigen, dass die zisterziensischen Generalkapitel 1220 und 1228 beschlossen hatten, keine Neugründungen und Inkorporationen mehr zuzulassen.[29]

Möglicherweise gab es – wie bei den zisterziensischen Klöstern üblich – eine geringe Zahl von Konversen im Kloster; dies lässt sich zumindest urkundlich nahelegen.[30] Bei der Verwaltung scheinen sie keine Rolle gespielt zu haben, sie erscheinen einmal in einer Urkunde als Eidhelfer des Propstes.[31]

Neben den Grafen als Gründer des Klosters betätigte sich auch der umliegende Niederadel als Förderer des Konvents. In Netze war Ortsadel ansässig, der dem Kloster Stiftungen vermachte. Dies bezieht sich nicht nur auf die Familie von Netze, sondern auch die von Wolfershausen, von Bischofshausen sowie die Knappen Nagel. Die Edlen von Naumburg, ebenfalls unter den Stiftern für das Kloster, waren in Netze ebenso begütert wie Ditmar Opolt, dessen Familie auch in Verbindung zum Kloster Berich stand.[32] Letzterer erscheint als Zeuge in einer der beiden ältesten original und vollständig überlieferten Urkunden des Klosters Berich von 1216.[33]

Doch nicht nur der örtliche Adel war dem Kloster gegenüber als Stifter tätig. Verbindungen zu der Adelsgruppe Bischofshausen-Löwenstein mit Bezügen sowohl zu den Herren von Itter als auch in den oberhessischen Raum, z. B. nach Romrod und Schweinsberg, lassen sich in den Urkunden erkennen.[34] Dasselbe gilt für die Herren von Gudensberg.[35] Die Beziehungen der benachbarten Herren von Itter zu Netze waren eher schwach ausgeprägt, obwohl diese zu den Zisterziensern ein enges Verhältnis hatten, etwa zu Georgenberg und Bredelar und auch andere Klöster wie Werbe, Berich und Arolsen im 13. Jahrhundert mitunter bedachten.[36]

Auf der Grundlage der Urkundenüberlieferung konstatiert Schaal für das Netzer Kloster eine wirtschaftliche Blüte im 14. Jahrhundert, denn Schenkungen und Besitzkäufe nehmen im zweiten und dritten Viertel des Jahrhunderts deutlich zu. Damals waren auch einzelne Nonnen wirtschaftlich tätig, was im letzten Viertel des Jahrhunderts abbricht. Die Urkundenüberlieferung lässt spürbar nach.[37] Dies zeigt sich auch in Zahlen: Wurde im 13. Jahrhundert im Schnitt eine Urkunde pro Jahr ausgestellt, so sind es zwischen 1325 und 1350 nahezu zwei und im nächsten Vierteljahrhundert bis 1375 sogar mehr als zwei.[38] Während dieses Niveau im letzten Viertel des 14. Jahrhunderts noch annähernd gehalten werden kann, bricht die Urkundtätigkeit in den folgenden Jahrzehnten fast komplett zusammen. Erst nach 1475 wird wieder eine Zahl erreicht, die in die Nähe der Werte des 13. Jahrhunderts gelangt.

Es lässt sich nicht erkennen, was die Ursachen für den Rückgang der Urkundenproduktion und damit der Überlieferung sind. Ist es eine Verwilderung und Disziplinlosigkeit des Konvents, wie sie von den Klosterreformern im späten 14. Jahrhundert beschrieben wird? Hat ein Brand, der für 1429 überliefert ist,[39] für längere Zeit die Urkundenproduktion gelähmt oder vorhandene Bestände zerstört? Eine endgültige Antwort auf diese Fragen wird sich kaum finden lassen.

Mit der Erwähnung des Brandes sei übergeleitet zu einigen Quellenaussagen, die Hinweise zur Baugeschichte geben. Größere Zahlen von Ablassprivilegien legen es nahe, für die Zeit um 1285 sowie für das zweite Viertel des 14. Jahrhunderts größere Bautätigkeiten anzunehmen.[40]

Vor dem Zweiten Weltkrieg hat Nebelsieck diese Ablässe näher betrachtet.[41] Daher sei seiner Darstellung hier zunächst gefolgt: Nebelsieck nennt zahlreiche Ablassprivilegien verschiedener päpstlicher Legaten und Bischöfe, die nur abschriftlich in einer Zusammenfassung vorliegen.[42] Davon gehören in die Gründungsphase drei aus den Jahren 1229, nochmals 1229 und 1238. Einer späteren Zeit, einer mutmaßlichen Umbauphase, gehören Ablässe von 1282, 1283, 1284, 1287 und eventuell noch 1296 an. 1309 beginnt eine weitere Reihe von Privilegien, die sich fortsetzt über 1312, 1322, 1326[43] (im selben Jahr erfolgte noch eine Bestätigung der früheren Ablässe) sowie 1327. Die beiden jüngsten von Nebelsieck genannten Ablässe stammen aus den Jahren 1343 und 1354. Dabei fällt auf, dass die beiden letzten Phasen mit der oben beschriebenen Zeit wirtschaftlicher Prosperität zusammenfallen.

Nebelsieck stellt einen möglichen Zusammenhang zwischen den Ablässen der 80er Jahre des 13. Jahrhunderts und einem Umbau der romanischen Kirche her und denkt dabei an den Einbau der Nonnenempore.[44] Der Ablass von 1287 erwähne ausdrücklich Spenden für Ausstattungsstücke des Klosters.[45] In dem Ablass aus dem Jahr 1309 wird angegeben, dass die Vergünstigungen denjenigen zufallen sollen, die um den Kirchhof des Klosters wandeln. Das könnte ein Hinweis auf den Kreuzgang sein.[46] Die Nikolaikapelle – meist allerdings in den Quellen „waldeckische Kapelle" genannt[47] – wird in einem Ablass von 1312 erstmals explizit genannt. Die Erwähnung könnte sich auf ihre Erbauung beziehen. Einige Jahre zuvor war Graf Otto als Amtmann des mainzischen Eichsfelds von Adeligen gefangen gesetzt und erdrosselt worden.[48] Dies könnte ein Anlass für den Bau der eigenen Grabkapelle gewesen sein. Zuvor müssen die Bestattungen der Mitglieder der gräflichen Familie an anderer Stelle der Kirche stattgefunden haben. Der Ablass von 1326 nennt eine Reihe von Ausstattungsstücken, wie mehrere Altäre, und eine sonst nicht erwähnte Peter-und-Paul-Kapelle. Hier sind auch die Quattuor Coronati als Patrone des Klosters neben der heiligen Jungfrau genannt. Im Jahr 1327 spricht ein Ablassprivileg von einer Kapelle, die allen Aposteln geweiht sei. Es ist nicht auszumachen, ob es sich um die in der vorigen Urkunde erwähnte Kapelle oder eine weitere handelt. Auch für das Privileg von 1343 nimmt Nebelsieck den Zusammenhang mit Baumaßnahmen an, ohne dies näher zu spezifizieren. Doch erwähnt die Urkunde tatsächlich, dass die Einkünfte vor allem der Ausstattung sowie einem Michaelsaltar zu Gute kommen sollten.

Im Jahr des Brandes, 1429, verkauften der Propst und der Konvent Einkünfte an zwei der Nonnen, um Geld für den Bau eines Kreuzgangs einzunehmen.[49] Möglicherweise war ein hölzerner Kreuzgang bei dem Brand beschädigt worden und es sollte nun ein steinerner erbaut werden.

Die Vermutung des Grabungsleiters Jens Kulick, die 1326 erwähnte Peter-und-Paul-Kapelle sei identisch mit der ursprünglichen romanischen Dorfkirche, ist wenig plausibel.[50] Hingegen ist seiner Aussage, die Konventsgebäude hätten westlich des Kirchturms gelegen und seien in späterer Zeit erweitert worden, was bereits Schultze angenommen hatte, Glauben zu schenken, da nach Kulicks Angabe auf dem Friedhofsgelände Fundamentreste verschiedener Gebäude und der Klostermauer gefunden worden sind.[51]

Der mutmaßliche wirtschaftliche Niedergang des Klosters, der mit einer Vernachlässigung des Stundengebets und anderen Verfallserscheinungen einhergegangen sein könnte, war womöglich die Ursache dafür, dass der Mainzer Erzbischof – sicher nicht ohne Zutun der Grafen – 1459 die Äbte der Klöster Bursfelde und Reinhausen mit einer Reform des Netzer Klosters und des Nachbarkonvents Berich beauftragte.[52] Gerade Bursfelde hatte als ein wichtiges Mitglied der Bursfelder Kongregation, der großen benediktinischen Reformbewegung des 15. Jahrhunderts, diesbezüglich sicher einen guten Ruf. Allerdings muss der Erfolg dieser Maßnahme bezweifelt werden, denn bereits 1468 erging ein ähnlicher Befehl an den Abt von Flechtdorf, Hermann Frowin.⁵³ Unter dessen Abbatiat wurde der formelle Beitritt Flechtdorfs zur Bursfelder Kongregation, der schon seit vielen Jahren gelobt worden war, 1469 vollzogen.⁵⁴ Der Reformerlass des Erzbischofs befugte Frowin, gegebenenfalls unfolgsame Nonnen in andere Klöster zu verweisen oder für diesen Stand ungeeignete Schwestern ganz aus dem Konvent auszustoßen, um der Klostergemeinschaft eine Rückkehr zu einem gottgefälligen Leben zu ermöglichen. Ob diese Reformen zu dauerhaften Erfolgen führten, ist schwer nachzuweisen. Immerhin nahmen in der Folge die wirtschaftlichen Aktivitäten des Klosters wieder zu, wie eine ganze Reihe von Urkunden belegt.⁵⁵ Allerdings waren auch vor dem Reformerlass seit 1459 einige urkundliche Geschäfte durchgeführt worden.⁵⁶

Netzes Beziehungen zu den Grafen von Waldeck

Nur mit einigen Schlaglichtern sei das Verhältnis der Grafen von Waldeck zu ihrem Hauskloster beleuchtet. Es ist unverkennbar, dass spätestens seit der Mitte des 12. Jahrhunderts seitens der Familie der Schwalenberger Versuche unternommen wurden, in dem neu erheirateten Gebiet südlich der Diemel auch auf monastischem Sektor Fuß zu fassen. Spielte die Familie bei der Gründung der ältesten Klöster in Waldeck in Flechtdorf und Werbe noch keine Rolle, so war sie an der Entstehung des Augustinerchorfrauenkonvents in Arolsen über die verwandtschaftliche Beziehung zur Gründerin Gepa zumindest mittelbar beteiligt, wie oben dargelegt wurde. Bei den zeitlich folgenden Gründungen Schaaken, Berich und Volkhardinghausen ist eine aktive Rolle der Grafen nicht zu erkennen. Gleichwohl erhielten diese vor Netze entstandenen Klöster und Stifte zumeist Stiftungen und andere Förderungen durch die Grafen. Dafür seien nur einige wenige Regesten von Beispielen aus dem 12. und 13. Jahrhundert genannt.

Arolsen:

– HStAM, Urk. 85, 7942: Graf Adolf von Waldeck übereignet dem Kloster Arolsen den Wald Bokenestrut. 1234⁵⁷
– HStAM, Urk. 85, 7938: Graf Adolf von Waldeck überweist dem Kloster Arolsen drei Hufen in Remmenchusen. 1234
– HStAM, Urk. 85, 7945: Graf Adolf von Waldeck bekennt, dass er an dem Hof in Leweringhausen, den das Kloster Arolsen erworben hatte, kein Vogteirecht habe. 1236

Berich:

– HStAM, Urk. 85, 8278: Die Grafen Volkwin und Adolf von Schwalenberg verkaufen ihre Anrechte an Berich dem Kloster daselbst für zwölf Mark. 1226 August 16⁵⁸
– HStAM, Urk. 85, 8280: Graf Volkwin von Schwalenberg bekundet, dass Bertram, Heinrich und Gottschalk von Lengefeld, denen Propst Hermann von Berich Güter in Amenau für 25 Mark für das Kloster abgekauft hat, diese Güter dem Kloster übereignet haben und dafür in dessen Bruderschaft aufgenommen wurde. 1228⁵⁹
– HStAM, Urk. 85, 8288: Graf Adolf von Waldeck übereignet ein Gut in Heigenstadt an Kloster Berich gegen Lieferung von jährlich zwölf Malter Frucht partim auf Waldeck. 1237⁶⁰
– HStAM, Urk. 85, 8290: Graf Adolf von Waldeck verzichtet auf alle Grafschaftsrechte an Gütern des Klosters Berich. 1237⁶¹

Volkhardinghausen:

– HStAM, Urk. 85, 9232: Graf Adolf von Waldeck schenkt dem Kloster Volkhardinghausen sein Anrecht am Zehnten in Uterinchausen. 1234

- HStAM, Urk. 85, 9237: Graf Adolf von Waldeck genehmigt, dass Werner seine Güter in Immighausen an Kloster Volkhardinghausen verkauft und verzichtet auf seine Rechte daran. 1250
- HStAM, Urk. 85, 9236: Graf Adolf von Waldeck verzichtet zu Gunsten des Klosters Volkhardinghausen auf seine Anrechte an den Zehnten in Immighausen. 1250[62]

Werbe:
- HStAM, Urk. 85, 9663: Die Grafen Volkwin und Adolf von Schwalenberg verkaufen an Kloster Werbe ihr Eigentum in Hemmenroth und gestatten demselben die Viehweide in der Klinge, Sachsenhausen, Nieder-Werbe und in Hildemarinchusen für vier Mark; Graf Volkwin siegelt. 1226[63]
- HStAM, Urk. 85, 9665: Heinrich von Itter, genannt Pampis, Dietrich Oppolt, Konrad Bulemast, G. Truchsess in Waldeck und Otto von Vöhl verbürgen sich, als die Grafen Volkwin und Adolf von Schwalenberg an Kloster Werbe ihre Güter in Hemmenroth und das Weiderecht in Klingen, Sachsenhausen und Hildemaringhausen für vier Mark verkauft haben; Graf Volkwin siegelt. 1226[64]
- HStAM, Urk. 85, 9686: Graf Adolf von Waldeck und sein Sohn Heinrich bekunden, dass das Kloster Werbe seine Güter in Bettenhausen der Stadt Sachsenhausen für 18 Scheffel partim jetziger Zeit überlassen habe, verzichten auf ihren Zehnten an zehn Joch in Bettenhausen, bestätigen dem Kloster die Gemeinschaftsrechte mit Sachsenhausen und überlassen ihre Anrechte an Rembrachtenhusen dem Kloster. 1260

Für Flechtdorf und Schaaken lassen sich in den eingesehenen Urkundencorpora keine Beispiele finden, was an dem nicht immer einvernehmlichen Verhältnis zwischen den Grafen und diesen beiden Konventen liegen könnte: Flechtdorf wurde allzu oft als eine Art kölnischer Stachel im eigenen Fleisch empfunden; Schaaken als corveyischer Vorposten war im südwestlichen Teil der Grafschaft zumindest im 13. Jahrhundert noch ein steter Konkurrent um die Vorherrschaft.

Deutlich wird, dass sich die Grafen nach der Stiftung ihres Familienklosters nicht von den bereits bestehenden Konventen abwandten. Dessen ungeachtet darf aber angenommen werden, dass die Pläne zu einer Familiengrablege schon früh bestanden. Sie ist seit 1267 „als solche" nachweisbar.[65] Dort liegen unter anderem die Grafen Adolf I., dessen Sohn Heinrich als erster dort Bestatteter,[66] Heinrich III., Otto I., Heinrich IV., Heinrich VI., und Philipp IV. begraben.

Die Förderung des Netzer Klosters durch die Grafen von Waldeck hat Hock aufgrund der urkundlich greifbaren Beziehungen zusammengestellt, dies ist hier nicht zu wiederholen.[67]

Inwieweit die Grafenfamilie an der teils hochwertigen Ausstattung beteiligt war, entzieht sich meiner Kenntnis. Zu nennen ist neben dem berühmten Retabel vor allem ein vergoldeter Abendmahlskelch aus der Spätzeit des Klosters. Die in Fachkreisen bekannte Netzer Bibel, ein Frühdruck aus dem Jahr 1477, gelangte erst in nachklösterlicher Zeit nach Netze.

Jüngere Kloster- und Stiftsgründungen in der Grafschaft konnten leicht in gewisse Konkurrenzsituationen zum Hauskloster Netze kommen. Dabei sind in erster Linie zu nennen die Johanniter-Kommende in Nieder-Wildungen 1358, das Schwesternhaus in Mengeringhausen 1455 sowie das Franziskanerkloster in Korbach 1487.[68] Im Rahmen des vorliegenden Beitrags konnten die Urkunden jedoch nicht auf solche Konkurrenzen durchgesehen werden.

Immerhin spricht die Mitwirkung der Grafen bei den Reformbemühungen im Spätmittelalter, die nicht alleine Netze, sondern auch andere Konvente betrafen, dafür, dass sie sich ihrem Hauskloster nach wie vor verbunden fühlten. Dies ist bis in die Reformationszeit hinein spürbar.

Netzes Kontakte zu anderen Konventen in der näheren Umgebung

Wie war es nun um die Kontakte des Klosters Netze zu anderen Konventen der näheren Umgebung bestellt? Die Urkunden können dazu Aufschluss geben, allerdings geben sie nur einen kleinen Ausschnitt wieder. Persönliche, mündliche Kontakte sind ein für allemal verloren. Ob sich Angehörige verschiedener Klöster – insbesondere für Frauenkonvente wäre dies nicht sehr überraschend – Briefe schrieben, ist angesichts der Quellenlage nicht zu beurteilen. Solche Selbstzeugnisse scheinen aus den waldeckischen Klöstern kaum vorzuliegen.

Beginnen wir mit einem Durchgang durch die Urkunden mit den Kontakten zu anderen Zisterzen. Wenn Hock angibt, Kontakte zu anderen Zisterzienserkonventen hätten im 13. Jahrhundert nicht bestanden,[69] so sind ihr offenbar zwei Urkunden entgangen. In der ersten Urkunde des Grafen Volkwin von Naumburg vom 30. 3. 1261 bezeugen Propst Heinrich von Netze und andere eine Stiftung des Naumburger Bürgers Hermann in Mehlen für Haina,[70] und in der zweiten testieren Propst Heinrich und andere wiederum in einer Urkunde des Grafen Volkwin von Naumburg dessen Verzicht auf alle Ansprüche gegen das Kloster Haina wegen der zuvor erfolgten Güterübertragung des Naumburger Bürgers Hermann, genannt von Amöneburg. Ausgestellt wurde die Urkunde offenbar im Kloster Werbe 1261. Als anwesend und vor Heinrich an der Spitze der Zeugenreihe ist Propst Johann von Werbe genannt.[71]

Neben Haina könnte der Netzer Konvent auch zur nahegelegenen Zisterzienserinnenniederlassung Kloster Georgenberg vor den Toren von Frankenberg an der Eder Kontakte unterhalten haben. Aus dem 14. Jahrhundert liegen zwei Urkunden vor, die geschäftliche Kontakte erkennen lassen. Am 29. Januar 1331 verkaufte das Kloster Georgenberg dem Kloster Netze seine Güter in Kleinern.[72] Fast zwei Generationen später, am 14. August des Jahres 1381, erlaubten Propst, Äbtissin und Konvent von Netze ihren Mitschwestern Gese und Alheid sowie deren Base *Geyse von Rekilnhusen* die Stiftung eines ewigen Lichtes aus den Einkünften einer Hufe in Kleinern, die sie vom Kloster Georgenberg gekauft hatten.[73] Dies ist zugleich ein Beispiel für die oben genannte Geschäftstätigkeit einzelner Nonnen in der wirtschaftlichen Blütezeit des Klosters um die Mitte des 14. Jahrhunderts.

Zu den Kontakten mit dem Zisterzienserorden gehören auch zwei Urkunden aus dem 15. Jahrhundert, deren ältere vor und deren jüngere nach der Inkorporation in den Orden im Jahr 1487 ausgestellt wurde. Sie zeigt wie bedeutsam die Geistlichkeit der mainzischen Stadt Fritzlar für das Kloster Netze war.

1454 entschied Bernhard von Wolmeringhausen, Dechant in Fritzlar und Konservator der Rechte der Zisterzienser, in einem Streit zwischen Kloster Netze und Benigna Hennings um den Besitz von 100 Schafen zugunsten des Klosters.[74] Knapp vierzig Jahre später, 1493, intervenierte Otto Korff, Domdechant in Münster und Konservator des Zisterzienser-Ordens, im Interesse des Klosters. Er forderte die Geistlichkeit, besonders diejenige in Fritzlar und Wolfhagen auf, den Fritzlarer Stiftsherren Johannes Schacht, der dem Kloster Netze ein Vermächtnis vorenthielt, sowie Wenzel von Dalwigk, der sich die Herrschaft über eine Mühle bei Naumburg anmaßte, vor sein Gericht zu laden.[75]

Bereits zuvor bestanden intensive Kontakte mit Fritzlar. Hock schreibt dazu: „Zwischen

Netze und dem etwa 20 km nördlich gelegenen Stift Fritzlar scheinen im 13. Jahrhundert engere Beziehungen bestanden zu haben, die zum Teil durch die kirchenrechtlichen Verhältnisse vorgegeben waren: Netze gehörte zum Archidiakonat Bergheim, das seit der Zeit Erzbischof Siegfrieds von Mainz (1060-1084) vom Propst zu Fritzlar verwaltet wurde."[76] In die Jahre 1425 bis 1428 gehört ein Beleg, in dem Netze in der Liste des erzbischöflichen Kommissars Konrad Schaufuß über die Einnahmen und Ausgaben aus Kommissariat und Kellnerei neben vielen anderen Klöstern als zahlungspflichtig erscheint; von dem geforderten Betrag von 6 fl. standen 2 fl. noch aus.[77]

Zu den Verbindungen zu anderen Klöstern in der Umgebung, auch zu den für die frühere Zeit bereits genannten, seien in aller Kürze weitere Belege angeführt.

Mit dem Kloster Höhnscheid verband Netze eine gemeinsame Erbschaft an einem halben Hof im nahe bei Höhnscheid gelegenen Weidelberg, den Wittekind von Naumburg 1249 hinterlassen hatte.[78]

Für Volkhardinghausen lassen sich sowohl aus dessen Zeit als Augustinerchorfrauenstift als auch aus der späteren Phase, als dort Augustinerchorherren der Windesheimer Kongregation einzogen, einige Kontakte belegen. Sowohl in der ersten der genannten Urkunden von 1288 als auch in den beiden jüngsten von 1512 geht es um einen Hof in dem Ort Rikmarenchusen / Rytmarchusen.[79]

Für Berich, dessen Verbindungen mit Netze weiter oben bereits für die frühe Zeit genannt wurden, sind nach 1300 noch drei Urkunden zu nennen, die aus den Jahren 1318, 1358 und 1459 stammen.[80] Vor allem die letztere ist von Bedeutung, denn es handelt sich um den Auftrag des Mainzer Erzbischofs an die Äbte von Bursfelde und Reinhausen, die Berich und Netze reformieren sollten (s. o.).

Auch mit dem nur wenige Kilometer entfernt gelegenen Kloster Werbe brachen die Verbindungen niemals ganz ab. Teils waren sie freundschaftlicher Natur, teils lassen sich Konflikte um Grundbesitz erkennen. Die Zeugnisse stammen aus den Jahren 1339, 1392, 1399 und 1400.[81]

1358 hatte Graf Otto IV. von Waldeck die Johanniterkommende Wildungen gestiftet. Aus dem 15. Jahrhundert sind zwei Urkunden überliefert, die wirtschaftliche Verbindungen dokumentieren, ausgestellt in den Jahren 1405 und 1450.[82]

Sind damit die waldeckischen Klöster auf der Basis der eingesehenen Urkundenregesten behandelt – über Kontakte mit den Klöstern Arolsen, Flechtdorf, Freienhagen, Korbach und Schaaken liegen dort keine Hinweise vor –, so gab es zwei Konvente außerhalb der Grafschaft, die in der Netzer Überlieferung erscheinen. Der Konvent des Klosters Merxhausen verkaufte 1284 an Kloster Netze eine Hufe in Mehlen. Der Dechant, der Kantor und der Propsteioffizial von Fritzlar siegelten mit.[83] 1307 kam es zu einem Grundstücksgeschäft mit dem Stift Immichenhain, das sich in zwei Urkunden niedergeschlagen hat.[84]

Zu erwähnen sind an dieser Stelle die Patronatsrechte, die dem Kloster Netze zustanden und 1236 für die Kirche der Stadt Waldeck sowie vierzig Jahre später für die Burgkapelle Waldeck belegt sind.[85] Das Präsentationsrecht für die Nikolaikapelle erhielt das Kloster nach Schaal vermutlich seit 1385, als Gräfin Margarethe dort eine Pfründe stiftete. Dieses Recht wurde 1519 letztmalig ausgeübt.[86]

Das Ende des Klosters Netze

Die Reformation erfasste Waldeck und seine Grafen ab 1526 in einem langwierigen Prozess, in dessen Rahmen bis 1553 auch das Kloster Netze sein Ende fand.[87] Seit dem Jahr 1529 erfolgten sukzessive der Klosteraustritt und die Abfindung der Nonnen. Zwei der ausgetretenen Nonnen wurden als Erzieherinnen des Waldeckischen Grafenhauses tätig. Äbtissin Katharina von Rhene hingegen harrte mit einigen Ordensschwestern weiterhin in Marienthal aus.[88] 1537 schließlich wurde mit Stephan Rullen der erste evangelische Prediger nach Netze berufen. Das Kloster gab einen Teil seiner Einkünfte für dessen Unterhalt frei. Damit trug es dem Wunsch der Bevölkerung und dem Druck des Grafen Rechnung. Aus der Klosterkirche wurde nun eine Pfarrkirche.

Mit dem Klostervermögen wurde 1540 ein kleines Hospital dotiert,[89] das als juristische Entität noch heute besteht. Es besitzt noch einige Flurstücke in Netze, unter anderem direkt an der westlichen Ecke der Nikolaikapelle. Laut eingesehener amtlicher Liegenschaftsunterlagen scheint die Eigentümerfrage der Kapelle heute unklar zu sein; in den entsprechenden Karten erscheint kein Name, die Daten fehlen.

Netze wurde 1553 unter landesherrliche Verwaltung gestellt. Es wurde in eine Meierei umgewandelt. Die verbliebenen Nonnen bekamen die Zusage, bei Kost und Logis auf Lebenszeit bleiben zu dürfen, allerdings nur nach den Möglichkeiten der Meierei. 1556 lebten noch 34 Menschen im Kloster, 1565 starb die letzte Äbtissin, 1577 die letzte Nonne. Ein Versuch der Wiederherstellung des Klosters aufgrund eines kaiserlichen Restitutionsediktes während des 30-jährigen Kriegs scheiterte.[90]

Zusammenfassung

Das Zisterzienserinnenkloster Netze darf für sich in Anspruch nehmen, aus Sicht seiner Stifter, der waldeckischen Grafenfamilie, sicher das bedeutendste Kloster dieses kleinen Territoriums im heutigen Nordwesthessen gewesen zu sein. Gleichwohl kam es aber im Hinblick auf seine Ausstattung mit Gebäuden, Kunstwerken, Rechten, Einkünften und Grundbesitz nicht wesentlich über ältere Nachbarkonvente hinaus. Dennoch handelt es sich bei Netze zweifellos um das, was die Forschung Hauskloster nennt. Nicht zuletzt die mit dem Kloster verbundene Grablege der Grafenfamilie zeigt dies deutlich. Die Ablassprivilegien des Klosters standen mit den notwendigen Baumaßnahmen offenbar in Verbindung.

Seinen Ursprung verdankt das Kloster einerseits territorialpolitischen Erwägungen der Stifter, andererseits aber auch deren besonderer Vorliebe für den Zisterzienserorden. In einer Zeit, in der die neuen Bettelorden bereits begannen, Furore zu machen, wurde hier mit der Etablierung und Förderung der Zisterzienserr ein Zeichen der besonderen Art gesetzt.

Das Kloster Marienthal in Netze war fest in der näheren Umgebung verwurzelt. Seine urkundlichen Kontakte erstrecken sich über einen überschaubaren Raum, der in einer oder allenfalls zwei Tagesreisen zu durchqueren war. Die Einbindung in eine Art „Klosternachbarschaft" ist im Falle Netzes eher schwach ausgeprägt. Die wenigen urkundlichen Belege liegen oft Jahrzehnte auseinander. Ob, und wenn ja, wie in den dazwischen liegenden Zeiten monastische Kommunikation stattfand, ist nicht zu ermitteln, da die Quellen schweigen.

Anmerkungen

1 Diese Urkunden sind in Regestenform leicht zugänglich über das Archivinformationssystem des Landes Hessen Arcinsys unter http://arcinsys.hessen.de.

2 Hier werden die Netzer Urkunden in der Regel allerdings nach ihren Marburger Archivsignaturen zitiert; ein systematischer Abgleich mit den Nummern des Westfälischen Urkundenbuchs wurde nicht durchgeführt. Dazu ist hilfreich Gabriele Maria Hock, Die westfälischen Zisterzienserinnenklöster im 13. Jahrhundert. Gründungsumstände und frühe Entwicklung, Diss. Uni Münster 1994, Druck 2004, online unter http://miami.uni-muenster.de/servlets/DocumentServlet?id=1721.

3 Eckhardt G. Franz (Bearb.), Kloster Haina, Regesten und Urkunden, Bd. 1, Marburg 1962, im Folgenden: UB Haina, sowie Friedrich Schunder (Bearb.), Die oberhessischen Klöster. Regesten und Urkunden, Marburg 1961, im Folgenden UB Georgenberg.

4 Katharina Schaal, Netze, in: Friedhelm Jürgensmeier und Regina Elisabeth Schwerdtfeger (Hrsg.), Die Mönchs- und Nonnenklöster der Zisterzienser in Hessen und Thüringen, St. Ottilien 2011, Bd. 2, S. 1098–1109.

5 Siehe als Einführungen in die waldeckische Geschichte – auf denen auch die folgenden Ausführungen beruhen – sehr knapp Jürgen Römer, Klöster in Waldeck: Aspekte von Forschung, Präsentation und Tourismus, in: Klosterforschung. Befunde, Projekte, Perspektiven, hrsg. von Jens Schneider, München, 2006, S. 195–206, hier S. 195f., sowie etwas ausführlicher ders., Waldeck und seine Residenzstadt Arolsen. Eine kleine Landesgeschichte, in: Die Sanierung des Residenzschlosses Arolsen 1986 – 2009, hrsg. von der Waldeckischen Domanialverwaltung und dem Landesamt für Denkmalpflege Hessen, Stuttgart 2009, S. 11–18. Eine Darstellung, die jedoch dem Mittelalter nicht all zuviel Raum gibt, bietet Gerhard Menk, Waldecks Beitrag für das heutige Hessen, 2. Aufl. Wiesbaden 2001. Eine umfassende wissenschaftlichen Ansprüchen genügende Darstellung der mittelalterlichen Geschichte der Grafschaft Waldeck fehlt.

6 Gottfried Ganssauge / Walter Kramm / Wolfgang Medding (Bearb.), Kreis der Eder. Seit 1942 Teil des Kreises Waldeck (Die Bau- und Kunstdenkmäler des Landes Hessen. Regierungsbezirk Kassel N.F. 4), Korbach 1960, S. 237, im Folgenden BKD Eder.

7 Eine Karte sowie eine chronologisch geordnete Liste der Konvente bei Römer 2006 (wie Anm. 5), S. 196 und 198.

8 Siehe zu den Klöstern als Überblick, wenn auch hier und da überholt, Jürgen Römer (Hrsg.), Klöster in Waldeck. Zeugnisse aus einer fernen Epoche, Bad Arolsen 2001. Die teils bedeutenden, sehr zahlreichen romanischen Kirchen in Waldeck sind zusammengestellt bei Xenia Stolzenburg, Romanische Kirchen in Waldeck, Berlin / München 2009, dort auch Angaben zu den heute noch vorhandenen Baulichkeiten der Klöster Flechtdorf, S. 26–32, und Netze, S. 78–81. Zu Flechtdorf siehe auch http://www.kloster-flechtdorf.de.

9 Hessisches Staatsarchiv Marburg [im Folgenden HStAM], Urk. 85, 7930; s. dazu Ursula Braasch-Schwersmann, Kloster, Stift und Grafenschloss. Zur wechselvollen Geschichte des Ortes im Mittelalter und in der frühen Neuzeit, in: Indessen will es glänzen. Arolsen – eine barocke Residenz, hrsg. von Birgit Kümmel und Richard Hüttel, Korbach 1992, S. 25–32, bes. S. 25 mit weiterführender Literatur.

10 Jürgen Römer, Klöster in Waldeck revisited. Neue Wege der Klosterforschung anhand aktueller waldeckischer Beispiele, in: Klosterlandschaften. Methodisch-exemplarische Annäherungen, hrsg. von Roman Czaja / Heinz-Dieter Heimann / Matthias Wemhoff, München 2008, S. 63–85.

11 Die Gründungsurkunde gedruckt bei J. A. Theodor L. Varnhagen 1825, Grundlage der Waldeckischen Landes- und Regentengeschichte, Göttingen 1825, Urkundenbuch, S. 55, Nr. 19. Eine Abbildung der Urkunde bei Menk 2001 (wie Anm. 5), S. 12. Die auf der Tagung in Netze von Jens Rüffer dankenswerterweise geäußerte Vermutung, die Urkunden weise diplomatische Besonderheiten auf, denen nachgegangen werden solle, kann nicht bestätigt werden. Sie ähnelt in hohem Maße einer Bestätigungsurkunde Volkwins von Schwalenberg für Kloster Berich aus demselben Jahr. Ohne Einsichtnahme in dieses Stück, von dem mir keine Abbildung vorliegt, mithin allein auf der Grundlage des über weite Passagen identischen Textes erlaube ich mir die These, dass die beiden Stücke vom selben Verfasser formuliert und möglicherweise am selben Tag ausgestellt wurden. Das Fehlen einer Pönformel, auf das Herr Rüffer hinwies, scheint mir unbedeutend zu sein, zumal eine Corroboratio anlässlich der Siegelankündigung im Text erscheint. Die Bericher Urkunde von 1228 ist gedruckt bei Varnhagen 1825 (wie Anm. 11), Urkundenbuch, S. 53–55, Nr. 18. Sie wird erwähnt bei Friedrich Koch, Wirtschaftsgeschichte des Klosters und Dorfes Berich in Waldeck, in: Geschichtsblätter für Waldeck 14, 1914, S. 1–148, hier S. 9.

12 Victor Schultze, Waldeckische Reformationsgeschichte, Leipzig 1903; die erwähnte Urkunde ediert in UB Haina 33 (wie Anm. 3), 1225 02 24; Volkwin nennt sich in dieser Urkunde „de Waldeken", die Siegelumschrift gibt jedoch von Schwalenberg an.

13 Varnhagen 1825 (wie Anm. 11), S. 290.

14 Friedrich von Klocke und Johannes Bauermann (Hg.), Landesteil Westfalen, Nordrhein-Westfalen (Handbuch der historischen Stätten Deutschlands 3), Stuttgart 1963, S. 197.

15 Ulrich Bockshammer, Ältere Territorialgeschichte der Grafschaft Waldeck, Marburg 1958, S. 174.

16 Schaal 2011 (wie Anm. 4), S. 1098.

17 Schaal 2011 (wie Anm. 4), S. 1099.

18 Schaal 2011 (wie Anm. 4), S. 1099; ob das von Hock 1994 (wie Anm. 2), S. 514 vorgebrachte Argument des –

mit einer Ausnahme – Nichterwähnens von Mainzer Erzbischöfen in den Urkunden Netzes wirklich ein Beleg für dieses gute Verhältnis ist, sei dahingestellt.

19 Siehe dazu Schaal 2011 (wie Anm. 4), S. 1098, sowie Klocke / Bauermann 1963 (wie Anm. 14), S. 197.
20 Bockshammer 1958 (wie Anm.15), S. 107.
21 Schaal 2011 (wie Anm. 4), S. 1102.
22 Bockshammer 1958 (wie Anm.15), S. 77.
23 Zu diesen beiden Konventen siehe Römer 2008 (wie Anm. 10), passim, dort auch die ältere und weiterführende Literatur.
24 BKD Eder (wie Anm. 6), S. 238.
25 Hock 1994 (wie Anm. 2), S. 501.
26 Hock 1994 (wie Anm. 2), S. 498.
27 Hock 1994 (wie Anm. 2), S. 499f.; Schaal 2011 (wie Anm. 4), S. 1102.
28 Schaal 2011 (wie Anm. 4), S. 1099f.
29 Lexikon des Mittelalters, Bd. 9, Art. „Zisterzienser, -innen", München 1998, Sp. 632–650, hier Sp. 641. Ich danke Iris Grötecke für diesen Hinweis während der Tagung.
30 HStAM, Urk. 85, 8776.
31 Hock 1994 (wie Anm. 2), S. 503.
32 Bockshammer 1958 (wie Anm. 15), S. 241; Hock 1994 (wie Anm. 2), S. 509.
33 Varnhagen 1825 (wie Anm. 11), UB, S. 39–42, Nr. 12; siehe dazu Jürgen Römer, Bemerkungen zur Geschichte des Klosters Berich und des Dorfes Neu-Berich. Vorstellungen und Realitäten, in: Geschichtsblätter für Waldeck 91 (2003), S. 43–86, hier S. 57.
34 Hock 1994 (wie Anm. 2), S. 510.
35 Hock 1994 (wie Anm. 2), S. 512–514.
36 Hock 1994 (wie Anm. 2), S. 509f.
37 Schaal 2011 (wie Anm. 4), S. 1099.
38 Eigene Auszählung nach den Ergebnissen der Abfrage im Juli 2015 bei http://www.arcinsys.hessen.de.
39 Schaal 2011 (wie Anm. 4), S. 1100.
40 Schaal 2011 (wie Anm. 4), S. 1099.
41 Heinrich Nebelsieck, Die Ablaßprivilegien des Klosters Marienthal in Netze, in: Geschichtsblätter für Waldeck 39 (1939), S. 13–18.
42 HStAM, Urk. 85, 8996. Für diesen Aufsatz wurde eine Fotografie dieser Urkunden angefordert, die jedoch kaum weiteren Aufschluss zu geben im Stande ist. Immerhin bestätigt sich hier die Nennung der Quattuor Coronati, eines nach dem Lexikon der christlichen Ikonographie, Freiburg 1973 [Sonderausgabe 1994], Bd. 8, Sp. 235–238, zumindest in dieser Zeit eher ungewöhnlichen Patroziniums. Es kommt nur noch ein weiteres Mal in der Netzer Überlieferung vor, 1297, so Schaal 2011 (wie Anm. 4), S. 1098. Durch die Abbildung konnte zumindest sichergestellt werden, dass die Angabe bei Nebelsieck 1939 (wie Anm. 41), S. 16f., es handele sich um die vier Heiligen Johannes der Täufer, Laurentius, Nikolaus und Martinus ein offenkundiges Missverständnis darstellt, denn diese Namen sind dort nicht genannt. Angesichts der nur zweimaligen Erwähnung dieses Patroziniums, von denen eine auf eine in Avignon ausgestellte Ablaßurkunde entfällt, sollte das Patrozinium der Quattuor Coronati nach meiner Auffassung nicht auf eine Stufe mit dem Marias gestellt, sondern allenfalls als minder wichtiges Nebenpatrozinium betrachtet werden. Es ist hier nicht der Ort, dies weiter zu verfolgen.
43 Wohl als einziger der Ablässe auch im Original überliefert: HStAM, Urk. 85, 8849.
44 Nebelsieck 1939 (wie Anm. 41), S. 15.
45 Nebelsieck 1939 (wie Anm. 41), S. 16.
46 Nebelsieck 1939 (wie Anm. 41), S. 16.
47 Varnhagen 1825 (wie Anm. 11), Grundlagen, S. 411 und 414.
48 Nebelsieck 1939 (wie Anm. 41), S. 16. Die folgenden Belege alle nach Nebelsieck 1939 (wie Anm. 41), S. 16–18.
49 Schaal 2011 (wie Anm. 4), S. 1102. Die Ausführungen von Hock 1994 (wie Anm. 2), S. 497f., zur Baugeschichte sind wenig hilfreich.
50 Jens Kulick, Ausgrabungen in der Netzer Kirche, in: Land an Eder und Diemel. Der Landkreis Waldeck-Frankenberg, Korbach o. J. [2. Aufl.], S. 68f.
51 Kulick o. J. (wie Anm. 50), S. 68f.; Schultze 1903 (wie Anm. 12), S. 40.
52 HStAM, Urk. 85, 8461.
53 HStAM, Urk. 85, 9027, Schaal 2011 (wie Anm. 4), S. 1100, knapp dazu auch Heinrich Nebelsieck, Eine Reform des Klosters Marienthal in Netze im Jahre 1468, in: Geschichtsblätter für Waldeck 40 (1940), S. 147–149.
54 Siehe dazu Aloys Schwersmann, Das Benediktinerkloster Flechtdorf, Darmstadt / Marburg 1984, S. 199–208.
55 HStAM, Urk. 85, die Nummern 9028, 9029, 9030, 9033, 9035, 9038, 9037, 9040, 9041, 9042, 9043, 9045, 9044, 9046 aus den Jahren 1469 bis 1500.
56 HStAM, Urk. 85, die Nummern 9016, 9017, 9018, 9020, 9023, 9024, 9026 aus den Jahren 1450 bis 1462.
57 Varnhagen 1825 (wie Anm. 11), UB, S. 65f., Nr. 22.
58 Varnhagen 1825 (wie Anm. 11), UB, S. 45f., Nr. 15.
59 Varnhagen 1825 (wie Anm. 11), UB, S. 53f., Nr. 18.
60 Varnhagen 1825 (wie Anm. 11), UB, S. 71f., Nr. 26.
61 Varnhagen 1825 (wie Anm. 11), UB, S. 72f., Nr. 27.
62 Varnhagen 1825 (wie Anm. 11), UB, S. 91f., Nr. 37.
63 Varnhagen 1825 (wie Anm. 11), UB. S. 48–50, Nr. 16 [a].
64 Varnhagen 1825 (wie Anm. 11), UB. S. 50f., Nr. 16 [b].
65 Zitat bei Bockshammer 1958 (wie Anm. 15), S. 242.
66 Schaal 2011 (wie Anm. 4), S. 1099.
67 Hock 1994 (wie Anm. 2), S. 503.
68 Römer 2006 (wie Anm. 5), S. 198.
69 Hock 1994 (wie Anm. 2), S. 498.
70 HStAM, Urk. 26, 186, UB Haina, S. 193, Nr. 349.
71 HStAM, Urk. 26, 175, UB Haina, S. 199f., Nr. 363.
72 HStAM, Urk. 85, 8860, UB Georgenberg, S. 141, Nr. 434.
73 HStAM, Urk. 85, 8966, UB Georgenberg S. 175, Nr. 541.
74 HStAM, Urk. 85, 9018.
75 HStAM, Urk. 85, 9043.
76 Hock 1994 (wie Anm. 2), S. 507.

77 Karl E. Demandt (Bearb.), Quellen zur Geschichte der Stadt Fritzlar im Mittelalter, Marburg 1939, S. 562, Nr. 411 I.
78 HStAM, Urk. 85, 8775.
79 HStAM, Urk. 85, die Nummern 9274, 9293 (1332, es geht um einen Garten bei Wolfhagen), 9536, 9537.
80 HStAM, Urk. 85, die Nummern 8365, 8927, 8461.
81 HStAM, Urk. 85, die Nummern 9721, 8980, 8987, 9739.
82 HStAM, Urk. 85, die Nummern 8990, 9016.
83 HStAM, Urk. 85, 8804.
84 HStAM, Urk. 31, die Nummern 45, 46.
85 Schaal 2011 (wie Anm. 4), S. 1103.
86 Schaal 2011 (wie Anm. 4), S. 1104. Sie gibt dort an, dass es sich bei diesem Beleg eindeutig um die Kapelle an der Klosterkirche und nicht um die Stadtkirche in Waldeck gehandelt habe, wie es etwa zu lesen ist bei Bockshammer 1958 (wie Anm. 15), S. 237, Anm. 13.
87 Schaal 2011 (wie Anm. 4), S. 1100.
88 Nach Kai Umbach, Netze, in: Klöster in Waldeck. Zeugnisse aus einer fernen Epoche, hrsg. von Jürgen Römer, Bad Arolsen 2001, S. 55–62, hier S. 58.
89 BKD Eder (wie Anm. 6), S. 238.
90 Umbach 2001 (wie Anm. 88), S. 59.

Die Klosterkirche zu Netze – Fragen an die Baugeschichte

Jens Rüffer

Einleitung

Das wissenschaftliche Interesse an der Erforschung von Zisterzienserinnen ist in den letzten beiden Jahrzehnten erheblich gestiegen. Vor allem Arbeiten von Historikern zeigen, dass es im Gegensatz zu den Mönchen erhebliche Schwierigkeiten gibt, die tatsächliche Zugehörigkeit der Nonnen zum Orden jeweils konkret zu belegen.[1] Die freiwillige Ausrichtung des Lebens an zisterziensischen Gewohnheiten bedeutete nämlich keineswegs, auch rechtlich den inkorporierten Zisterzienserinnen gleichgestellt zu sein. Für die Beurteilung der Architektur bedeutet das, dass inkorporierte Gemeinschaften sich zumindest auf der normativen Ebene an ihren Ansprüchen messen oder vergleichen lassen. Bei nicht inkorporierten Konventen wie Netze – das Kloster wurde erst 1487 offiziell dem Abt von Kamp unterstellt[2] – fehlen in der Regel aussagekräftige Quellen. In der Stiftungsurkunde von 1228 heißt es, dass die Grafen „in ihr [der Kirche im Tal der Maria J.R.] Nonnen des Ordens der Zisterzienser angesiedelt haben, damit sie [dort] Gott Tag und Nacht dienen".[3] Doch woher kamen diese *sanctimoniales cisterciensis ordinis*? In der Urkunde fehlt jeglicher Hinweis auf die Mutterabtei des Konvents sowie auf das Zisterzienserkloster, unter dessen Aufsicht die Nonnen gestanden hätten.[4] Des Weiteren wird auch der zuständige Ortsbischof, Siegfried von Eppstein, Erzbischof von Mainz (1200–1230), nicht als für den Konvent zuständige Rechtsperson erwähnt. Aus der Zeugenreihe wird deutlich, dass mit Propst Wigand und dessen Kaplan Dietrich bereits ein Klosterverwalter und ein Seelsorger eingesetzt worden waren. Für die Architekturgeschichte ist von Bedeutung, dass die Grafen eine bereits bestehende Eigenkirche in ein Kloster umwandelten und dass die Urkunde den Schlusspunkt eines längeren Gründungsprozesses setzt. Ob die Grafen sich einen Nonnenkonvent gesucht haben oder ob ein Nonnenkonvent die Grafen als Stifter gewonnen hat, ist jedoch nicht mehr zu bestimmen.[5]

Für die architekturhistorische Analyse kommt nur die Klosterkirche mit der Grabkapelle der Waldecker Grafenfamilie in Betracht (Tf. 1). Vom ehemaligen steinernen Kreuzgang, der wohl im 2. Viertel des 15. Jahrhunderts errichtet wurde, ist nichts überkommen, auch nicht von den mittelalterlichen Klausurgebäuden, ganz zu schweigen von den ephemeren Wirtschaftsgebäuden jener Epoche. Deshalb konzentriert sich dieser Beitrag auf die Baugeschichte der Klosterkirche, wenngleich die hier vorgetragenen Überlegungen spekulativ bleiben müssen. Denn im Rahmen des Vortrages und seiner schriftlichen Fassung konnten vom Autor weder die nötigen Archivalien gesichtet, noch bauforscherische Analysen getätigt werden. Beides ist nur innerhalb eines größeren Forschungsprojektes zu leisten.

Zur Forschungsgeschichte

Die Forschung zur Architektur der Zisterzienserinnenklöster hat erst in den letzten Jahrzehnten zugenommen, sie erreicht aber nicht annähernd die Intensität der Arbeiten zu den Männerklöstern.[6] Für das Gebiet der heutigen Bundesrepublik sind vor allem die Arbeiten von Ernst Coester zu einschiffigen Kirchenbauten im west- und süddeutschen Raum, von Claudia Mohn zu den Konventen Mitteldeutschlands und von Margit Mersch zu den Klausurgebäuden zu nennen.[7] Zu erwähnen sind außerdem Studien von Christine Kratzke und Friederike Warnatsch-Gleich.[8]

Für St. Marienthal in Netze gibt es weder eine den heutigen Standards entsprechende bauarchäologische Untersuchung noch eine hinreichende baugeschichtliche Analyse. Einen ersten Überblick gibt die 1954 von Werner Meyer-Barkhausen erarbeitete Baugeschichte.[9] Diesem folgte 1960 die zusammenfassende Darstellung innerhalb der Bau- und Kunstdenkmäler des Regierungsbezirks Kassel.[10] Zur Grabkapelle fasste Herbert Baum 1977 die wichtigsten Daten zusammen.[11] Neben dem von Karl Kann 1989 publizierten Überblick sind die Ergebnisse der ab 1989 von Jens Kulick geleiteten Grabungen innerhalb der heutigen Klosterkirche von besonderer Bedeutung.[12] Der in einem ersten Grabungsbericht veröffentlichte Bauphasenplan ist jedoch nicht durch eine adäquate Dokumentation der Befunde gestützt. Claudia Mohn hat ihrer Darstellung von 2006 Kulicks Überlegungen zu Grunde gelegt.[13]

Architektonische Besonderheiten von Nonnenkirchen

Die Organisation des Alltagslebens im Kloster bedarf einer bestimmten Raumstruktur und Raumorganisation. Wolfgang Braunfels ist dieser Frage schon vor einem halben Jahrhundert in seiner *Abendländischen Klosterbaukunst* nachgegangen.[14] Er beschrieb den „Zusammenhang von Orden und Ordnung", die Visualisierung der inneren Ordnung in der äußeren durch die Architektur. Die gebaute Raumordnung, so die These von Braunfels, ermöglicht das Leben nach der geltenden Klosterregel, sie rationalisiert es und symbolisiert es schließlich durch die gewählten Bauformen.[15] Wie verhalten sich nun Lebensordnung und Raumordnung bei den Zisterzienserinnen? Für die Nonnen bestand eine besonders strenge Klausur, zugleich hatten sie für ihren Unterhalt zu sorgen. Die von den Schwestern zu leistende Handarbeit musste so gewählt werden, dass sie weitgehend innerhalb der Klausur erfolgen konnte. Die geforderte strengere Klausur ließ es umgekehrt weniger problematisch erscheinen, einen Großteil der Einkommen aus Rentenwirtschaft (Verpachtungen, Zinszahlungen) und Kircheneinkünften (u. a. Altar- beziehungsweise Messspenden oder Ablässe) zu generieren. Die Kirche stellte immer einen Kompromiss aus Laienkirche und Nonnenoratorium dar.

Die Klöster der Zisterzienserinnen waren, wie das schweizerische Beispiel der Maigrauge (Kanton Fribourg) zeigt, wegen des geringeren Personalbestandes in baulicher Hinsicht nicht nur erheblich kleiner, sondern auch weniger komplex und damit viel flexibler, sowohl mit Blick auf die Anzahl der benötigten Räume als auch hinsichtlich der sich daraus ergebenden Raumfolgen.[16] In der dreischiffigen Klosterkirche mit ihrem verkürzten Langhaus steht noch heute das Chorgestühl ebenerdig im westlichen Teil des Mittelschiffes. Die Laien hatten, so ist zu vermuten, einst wohl ihren Platz im nördlichen Seitenschiff. Die Frauenklöster besaßen in der Regel weder die Größe der Männerklöster, noch war ihnen eine vergleichbare Regelmäßigkeit der inneren Klausur eigen. Für ein der Benediktregel konformes Leben bedurfte es keiner allzu großen gesonderten Raumausstattung, denn Bethaus, Schlafraum, Speiseraum und Pforte genügten bereits.[17]

Der größte strukturelle Unterschied zwischen Frauen- und Männerkonventen bestand in der räumlichen Aufteilung der Klosterkirche. Die Zisterzienser ließen Laien nur unter besonderen Umständen zu. Im Langhaus trennte ein Lettner den östlichen Bereich, der den Mönchen vorbehalten war, vom westlichen Bereich der Konversen ab. Von diesen *fratres barbati* sind jene weltlichen Personen zu unterscheiden, die nicht direkt zum Kloster gehörten, mit diesem jedoch Beziehungen pflegten. Während den Stiftern und deren Familienangehörigen unter gewissen Umständen der Zutritt zur Klosterkirche gewährt wurde, bestand für die nichtprivilegierten Laien die Möglichkeit, an der Pfortenkapelle dem Gottesdienst beizuwohnen.[18] Die Klosterkirche und die *capella ante portam* hatten keine Pfarrfunktion.

Die räumliche Binnengliederung einer Zisterzienserinnenkirche hingegen war sehr flexibel, und dies gilt für Kirchen weiblicher Konventualen im Allgemeinen.[19] Für die Zisterzienserinnen sind drei Aspekte von besonderer Bedeutung: (1) Das Gebot der strengen Klausur bei gleichzeitiger Öffnung des Kirchenraumes für Laien führte dazu, dass man in einigen Kirchen im Westen eine Empore einzog, um dort den Nonnenchor einzurichten. Die Empore konnte entweder über die gesamte Breite des Langhauses geführt werden oder auch weniger Platz beanspruchen. Sie schloss direkt an die strenge Klausur an und war nur von dieser aus zugänglich, so dass Laien, die die Kirche besuchten, strikt von den Nonnen getrennt blieben. Dass in Netze Laien problemlos Zugang zur Klosterkirche hatten, belegen die Ablassbriefe, die dazu auffordern, das Gotteshaus zu besuchen, die Predigt zu hören, Messen beizuwohnen und an den Altären zu spenden, um in den Genuss einer mehrtägigen Sündenvergebung zu kommen.[20]

(2) Der Ausschluss der Frauen vom Priesteramt reduzierte das Potential für Privatmessen erheblich. Die Klerikalisierung des Mönchtums führte im Hochmittelalter zu einer Zunahme von Privatmessen, und diese wiederum wurden zu einer signifikanten Einnahmequelle, weshalb die Kirchen oftmals zusätzliche Altäre erhielten, damit mehr Messen gelesen werden konnten. In diesem Zusammenhang kam es selbst für zisterziensische Maßstäbe zu recht anspruchsvollen Chorlösungen mit mehreren Kapellen, ohne dass für die Herausbildung dieser Choranlagen monokausale Zusammenhänge unterstellt werden sollen.[21] Den Nonnen hingegen blieben derartige Einnahmen verwehrt, was sich auch auf die Schlichtheit der Raumgestalt auswirkte. Für Netze ist aus den Ablassbriefen von 1326 und 1343 bekannt, dass neben dem Hochaltar noch ein Michaelsaltar und eine den Apostelfürsten Peter und Paul geweihte Kapelle existierten.[22]

(3) Für einen Frauenkonvent war es nicht ungewöhnlich, eine bereits bestehende Kirche zu übernehmen. Da die Nonnenkonvente relativ klein blieben, ließen sich bestehende Gotteshäuser durch oft nur geringfügige Ein- beziehungsweise Umbauten schnell nutzbar machen. Zudem war es keineswegs immer zwingend, die neu zu installierenden Emporen unmittelbar in Stein zu errichten. Hier genügten fürs Erste auch hölzerne Einbauten. Damit konnten zwischen der provisorischen Nutzung einer Kirche als Konventskirche und dem Neubau einer in sich stimmigen Klosterkirche Jahrzehnte liegen. Der Stiftungsbrief von Netze bestätigt den

Prozesscharakter der Gründung und legt nahe, dass ein nicht dokumentierter Vorlauf bestand, in dem auch bauliche Entscheidungen bereits getroffen werden konnten.

Die Baugeschichte der Klosterkirche in Netze

Die Klosterkirche besteht heute aus einer fünfjochigen, zweischiffigen Halle über einem rechteckigen Grundriss, die, sieht man vom dritten Joch ab, kreuzrippengewölbt ist (Abb. 1). Im westlichsten Joch befindet sich eine Empore (Tf. 2), die die gesamte Travée (W5n / W5s) einnimmt, ursprünglich jedoch zwei Joche tief war. An der Südwand der Kirche schließt die zweijochige kreuzrippengewölbte Grabkapelle der Waldecker Grafen an. Im Westen befindet sich ein annähernd quadratischer Glockenturm, der älter als der Hauptbau ist und mit diesem nicht im Verband steht. Die Kirche verfügt heute über drei Zugänge, einer führt von Westen durch das Untergeschoß des Turmes in das südwestliche Joch unterhalb der Empore (W5s). Von dort gelangt man über eine Tür in der südlichen Kirchenwand in die Grabkapelle, und von der Grabkapelle führt eine weitere Tür in das zweite südliche Joch (W4s) der Kirche zurück. Die Grabkapelle besaß ursprünglich in der Südwand ihren Hauptzugang. Dieser ist heute noch als Fensteröffnung präsent. Ein zweiter Hauptzugang zur Kirche befindet sich in deren Südwand und führt in das dritte Joch von Osten (W3s). Das westliche Gewände der Portalaußenseite wird im unteren Teil von der Ostwand der Grabkapelle überschnitten. In der nördlichen Außenmauer, im zweiten Joch von Osten (W2n), ist ein Portal zugesetzt. Es kann somit frühestens im Zuge der Erweiterung der Kirche nach Osten in der ersten Hälfte des 13. Jahrhunderts entstanden sein. Der dritte Zugang, der gegenwärtig existiert, führt durch die Westfassade in das nordwestliche Joch auf die Nonnenempore (W5s). Schließlich sei noch auf eine Verbindung von Nonnenempore und Turm im südwestlichen Joch der Empore hingewiesen.

Für die Rekonstruktion der Baugeschichte sind kriegs- oder brandbedingte Zerstörungen, Renovierungen und Restaurierungen von großer Bedeutung. Im Kloster gab es 1419 einen Brand, dessen konkrete Ausmaße jedoch nicht bekannt sind. Im 17. Jahrhundert sollen unter Pfarrer Johannes Curen (1660–1686) umfangreiche Instandhaltungsmaßnahmen beziehungsweise Renovierungen erfolgt sein, u. a. sollen im Zuge dieser Maßnahmen hölzerne Emporen im Westen und eine hölzerne Kanzel eingebaut worden sein. Zwischen 1840 und 1845 erfolgte eine grundlegende Restaurierung, der folgende Baumaßnahmen zugeschrieben werden: Erneuerung des Daches mit einem flacheren Neigungswinkel, der am nördlichen Teil der Westfassade noch zu erkennen ist, Abbruch der hölzernen Emporen, Abbruch eines Teils der Nonnenempore, Einzug der östlichen Wand unterhalb der Empore, Erneuerung des nordwestlichen Gewölbefeldes einschließlich der nördlichen Außenwand nach deren Einsturz; Einbau von Strebepfeilern und Erneuerung der Gewölbefelder der mittleren Travée (Wn3 / Ws3). In den 1970er Jahren wurde die alte Dachform wieder hergestellt.[23]

Die heutige Erscheinung des Baukörpers ist nicht die mittelalterliche. Die Kirche war einst Teil eines größeren Gebäudeensembles. Der Klausurbauten beraubt, präsentiert sie sich jetzt als Solitär. Das Geländeniveau am Außenbau ist, wie man es noch gut am ehemaligen Haupteingang zur Grabkapelle nachvollziehen kann, teilweise erheblich angestiegen. Aber auch im Inneren ist der Kirchenfußboden nicht mehr der originale, und bei genauerem Hinsehen entdeckt man viele Unstimmigkeiten im Detail. Der gegenwärtige Zustand verweist im besten Sinne des Wortes auf eine wechselvolle Geschichte.

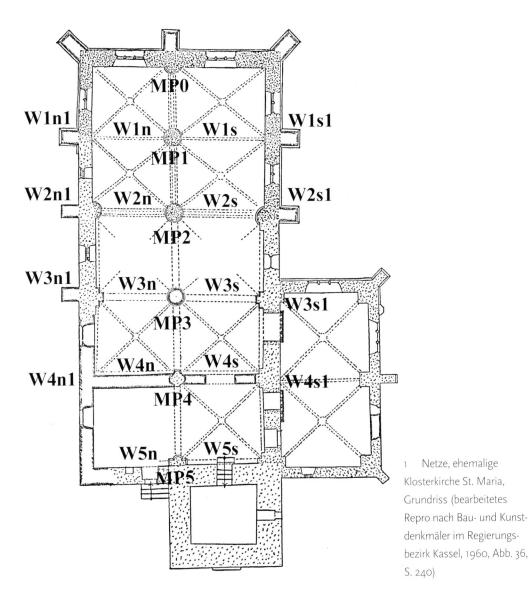

1 Netze, ehemalige Klosterkirche St. Maria, Grundriss (bearbeitetes Repro nach Bau- und Kunstdenkmäler im Regierungsbezirk Kassel, 1960, Abb. 36, S. 240)

Dem Frauenkonvent, dessen Herkunft unbekannt bleibt, wurde 1228 eine bereits bestehende Eigenkirche der Grafen übertragen, die damit zur Klosterkirche umgewandelt wurde.[24] Da die Urkunde den Abschluss eines längeren Gründungsprozesses besiegelt, müssen auch die ersten Umbauarbeiten am bestehenden Kirchenbau vor 1228 begonnen worden sein.[25] Zudem ist zu bedenken, dass der Nonnenkonvent neben der Kirche auch die nötigen Klausurgebäude vorgefunden haben muss, um die geforderte Abgeschiedenheit einhalten zu können.

Die Hauptbauphasen dürften zeitlich mit den überlieferten Ablassbriefen grosso modo korrelieren. Die erste fällt in das Jahrzehnt nach der Gründung (1229/1238). Die zweite Phase lässt sich in die 1280er Jahre datieren. Unter den fünf Ablässen ist auch einer des Erzbischofs von Mainz von 1287, der zugleich die Aufsicht über den Konvent innehatte. Die letzte Phase mit dichteren Abständen von Ablassen fällt in die Zeit von 1320 bis 1354. Aus dieser extrem dünnen Datenbasis lassen sich für die Bauzeit folglich drei Zeiträume hervorheben: das Jahrzehnt nach der Gründung, die 80er Jahre des 13. Jahrhunderts und das 2. Viertel des 14. Jahrhunderts.

Die relative Bauchronologie wird im Folgenden auf der Basis des von Jens Kulick publizierten Bauphasenplans analysiert (Tf. 3.0).[26] Dieser zeigt als älteste Kirche (Tf. 3.1) einen einschiffigen, querhauslosen Kirchenbau, also eine Saalkirche mit eingezogener Apsis im Osten und einem massiven Turm im Westen, der die gleiche Breite wie das Langhaus hat. Wann diese Kirche errichtet worden ist, kann nur grob vermutet werden. Die Datierung ins späte 12. Jahrhunderts genügt, um deutlich zu machen, dass sie vor der Klostergründung entstand.

Kulick ging nun davon aus, dass diese Saalkirche um zwei Seitenschiffe erweitert und ihre alte Apsis durch ein rechteckiges Sanktuarium ersetzt worden sei, an dessen Nordseite man eine Sakristei errichtet habe (Tf. 3.2). Dieser Umbau, so die These, sei noch vor der Übertragung der Kirche an die Nonnen geschehen. Eine Saalkirche, deren Mauerwerk aus Bruchstein bestanden haben muss, zu einer dreischiffigen Pfeilerbasilika umzubauen, scheint eher unwahrscheinlich. Der Umbau hätte nicht nur ästhetisch zu einem unbefriedigenden Ergebnis geführt, sondern wäre vor allem technisch und finanziell nur mit hohem Aufwand zu realisieren gewesen. Nach Abriss des Altbaus konnten zwar die alten Fundamente des ehemaligen Saalbaus als Streifenfundamente für die nördlichen und südlichen Langhausarkaden genutzt werden, doch sprechen gewichtige Indizien in Kulicks Bauphasenplan gegen die Errichtung einer Pfeilerbasilika. Die Außenmauer des nördlichen Seitenschiffs ist nur halb so stark wie ihr Gegenstück im Süden. Ihre Zugehörigkeit zu einer hypothetischen Pfeilerbasilika darf deshalb bezweifelt werden.

Hinzu kommt, dass die Seitenschiffe in ihrer Breite sehr unterschiedlich ausgeprägt sind. So erscheint das südliche im Verhältnis zum Mittelschiff viel zu breit. Da im Bauphasenplan die ergrabenen Fundamente und Mauerreste bereits interpretiert und Baufolgen zugeordnet sind, ohne dass jedoch eine Dokumentation der Grabungsfunde erfolgte, kann die Interpretation nicht überprüft werden. In jedem Fall sind bei der Zuordnung von Fundamenten mögliche frühere Klausurbauten in Erwägung zu ziehen, auch wenn über deren räumliche Disposition bisher nichts bekannt ist.

Im Zuge der Neubegründung als Zisterzienserinnenkloster, so die weitere Überlegung Kulicks, sei die alte dreischiffige Kirche niedergelegt worden, um darüber eine zweischiffige, dreijochige Halle errichten zu können (Tf. 3.3). Der Grund für den Neubau der Klosterkirche läge dann – so die Theorie – in der für einen Frauenkonvent unpassenden Raumstruktur des alten Kirchengebäudes, denn eine Nonnenempore konnte im Westteil des ehemals basilikalen Langhauses nicht optimal integriert werden. Allerdings lässt der derzeitige Baubefund diese Überlegung als wenig überzeugend erscheinen. Denn das Mauerwerk der Außenmauern, Details der Hochschiffwölbung, Unregelmäßigkeiten an den Wandvorlagen, aber auch Form und Gestalt der Gewölbe, die die Empore tragen, provozieren hier Widerspruch.

Bei einem Neubau der Klosterkirche wäre ein frühgotischer kreuzrippengewölbter Gliederbau mit einfachen gleich gestalteten Profilen der Rippen, Bögen und Wandvorlagen zu erwarten gewesen, errichtet in Quadersteinmauerwerk mit einer regelmäßigen Jochstruktur, sowohl die Wölbung unter der Empore als auch die Hochschiffwölbung betreffend. Dem stehen jedoch die Charakteristika des überlieferten Kirchenbaus entgegen: eine unregelmäßige Wölbung des Raumes unter der Empore über einem asymmetrischen Grundriss, wechselnde Stützen und Bogenprofile in der Halle, eine geometrisch unregelmäßige Hochschiffwölbung ohne Strebepfeiler am Außenbau, Variationen innerhalb der Wandvorlagen sowie eine Außenmauer, die wahrscheinlich zweischalig ist, aus Bruchsteinmauerwerk besteht und im Hinblick auf die Einwölbung einen Anachronismus darstellt.

Die frühgotischen Innovationen im Gewölbebau basieren auf der konsequenten Anwendung des Spitzbogens, der es erlaubt, gleichhohe Gewölbescheitel über rechteckigen Grundrissen zu erzielen. Der konstruktive Vorteil des neuen gotischen Gliederbaus besteht in der Kraftableitung des Gewölbeschubes über punktförmige Auflager und dessen Ableitung über die Stützen in die Fundamente. Die Wand verliert ihre tragende Funktion und kann in der Tendenz durch große Öffnungen fast aufgelöst werden.[27] Die Bruchsteinwände der Klosterkirche in Netze entsprechen noch der romanischen Tradition des Massenbaus. Der Einbau der Wandvorlagen ohne Strebepfeiler am Außenbau führt dazu, dass es keine kraftschlüssige Schubableitung gibt. Im Gegenteil, die Mauern werden im oberen Teil, wie der Bau zeigt, nach außen gedrückt (Abb. 2).

Die heute noch sichtbare Verformung des Mauerwerks lässt vermuten, dass entweder der Baumeister aus der Not eine Tugend machen musste, oder dass er mit der neuen Bauweise noch nicht hinreichend vertraut war. Der Verzicht auf Strebepfeiler – die heutigen stammen aus der Restaurierungskampagne zwischen 1840–1845 – und die bereits existierenden Wände aus Bruchstein lassen unter statischen Gesichtspunkten ein Hochschiffgewölbe nicht zu, weil unter diesen Umständen der Gewölbeschub nicht adäquat abgeleitet werden kann. Zudem besitzt eine derartige Wand nicht die Festigkeit einer aus Quadersteinen gefügten. Darüber hinaus wirft auch der Bautypus, eine zweischiffige Halle, Fragen auf. Denn gewölbte

2   Netze, ehemalige Klosterkirche St. Maria, nördliche Außenwand, Joch W4n (Foto Archiv des Autors)

Hallenkirchen sind in jener Zeit im deutschen Sprachraum noch gar nicht verbreitet. Eines der prominentesten und zugleich frühesten Beispiele ist die in den 1230er Jahren begonnene Elisabethkirche in Marburg.[28] Mit Blick auf die erheblich kleineren Kirchen der Zisterzienserinnen könnten natürlich auch die größeren zweischiffig gewölbten Refektorien, wie das Herrenrefektorium in Maulbronn (um 1220), vorbildhaft gewirkt haben, doch sind diese Räume bautechnisch viel eleganter ausgeführt.[29]

Stabil wäre die Konstruktion in Netze nur dann gewesen, wenn man die Joche mit Eisen- oder Holzankern verspannt und in der Mauerkrone einen Ringanker eingezogen hätte. Die Alternative bestünde in einem Dachstuhl, dessen Unterzüge mit der Mauerkrone kraftschlüssig verbunden waren. Der Einsturz der beiden nordwestlichen Gewölbefelder (Wn5 / Wn4) im Zuge der Erneuerung des Daches spräche dafür, dass der Dachaufbau für die innere Stabilität der Gewölbe des Kirchenbaus notwendig war.

Für die Baugeschichte ergibt sich die Hypothese, dass die heutigen drei westlichen Joche zwar zum ursprünglichen Kirchenbau von 1229 gehören, dieser aber noch nicht über eine zweischiffige, kreuzrippengewölbte Halle verfügte. Der Raum der ersten Klosterkirche dürfte vielmehr ein einfacher Saal mit Westempore gewesen sein, der mit einer flachen Holzdecke geschlossen war, wie dies beispielsweise die im ausgehenden 13. Jahrhundert entstandene Klosterkirche der Zisterzienserinnen von Langendorf in Sachsen-Anhalt zeigt (Abb. 3).[30] Die massiven Außenwände der Netzer Klosterkirche wären folglich nicht mit Blick auf Hochschiffgewölbe, sondern auf eine den gesamten Raum überspannende hölzerne Flachdecke errichtet worden. Wann die Hochschiffgewölbe hinzukamen und damit der Umbau der Saalkirche zu einer zweischiffigen Halle erfolgte, ist spekulativ. Denkbar aber wären die 1280er Jahre, in denen wieder vermehrt Ablässe zur Unterstützung der Kirche gewährt worden sind. Diese Argumentation wird durch eine zweite Beobachtung gestützt.

Die queroblongen Gewölbefelder unter der Westempore korrespondieren in ihrer geometrischen Struktur nicht mit den vier annähernd quadratischen der Hochschiffgewölbe (Tf. 3.3). Die die Emporen tragenden Gewölbe sind zudem – reichlich altertümlich – als Tonnengewölbe mit Stichkappen ausgebildet (Abb. 4). Wäre von Anbeginn ein zweischiffiger kreuzrippengewölbter Raum geplant gewesen, stellte sich die Frage, warum die Gewölbe, die die Empore tragen, nicht mit dem Rechteckraster der Hochschiffgewölbe korrelieren. Der heute noch erhaltene mittlere Pfeiler auf der Empore ist als separate Stütze eingestellt und vor dem nordöstlichen Pfeiler positioniert, der sich unter der Empore im letzten noch weitgehend original erhaltenen südwestlichen Gewölbefeld befindet. Zudem zeigt dieses Gewölbefeld – im Vergleich zu einem regelmäßigen Kreuzgratoder vierteiligen Kreuzrippengewölbe – keine wirklich elegante Lösung. Die Gewölbe unterhalb der Empore und damit die Empore selbst lassen sich gut in die 1230er Jahre datieren, die Hochschiffgewölbe entstammen aller Wahrscheinlichkeit nach einer zweiten späteren Bauphase.

In Zusammenhang mit der zweischiffigen Halle und einer über die gesamte Breite errichteten Empore ergibt sich die Frage nach der Ausrichtung des Chorgestühls auf den Hochaltar. Bei zweischiffigen Zisterzienserinnenkirchen konnte die Empore nur den Raum von der Kirchenwand bis zu den Pfeilern, die

3 Langendorf (Sachsen-Anhalt), Zisterzienserinnenklosterkirche, Nonnenempore, Blick nach Westen (Foto Archiv des Autors)

4 Netze ehemalige Klosterkirche St. Maria, Gewölbe unter der Nonnenempore, Blick nach Osten (Foto Archiv des Autors)

auf der Längsachse stehen, einnehmen. Dies ist beispielsweise im sächsischen Marienstern (Panschwitz-Kuckau) der Fall, wo der Baubeginn in die zweite Hälfte des 13. Jahrhunderts datiert wird (Abb. 5).[31] In derartig geteilten Kirchenräumen konnte der Altar im Osten nämlich nicht in der Längsachse des Gesamtraumes platziert werden, sondern musste an der Längsachse eines der beiden Schiffe ausgerichtet werden. Es ist schwer vorstellbar, dass das Chorgestühl sich beidseitig der mittleren Pfeiler befand. Es wird auf einer Seite gestanden und damit den Nonnen beider Gestühlseiten den Blick zum Hochaltar ermöglicht haben.[32]

Was aber bedeutet die hier vorgetragene Hypothese von einer ursprünglichen Saalkirche mit Empore, deren Außenmauern aus Bruchstein bestanden, und deren späteren Umbau zu einer zweischiffigen Halle aus praktischer Sicht? Kurz gesagt: Es war wohl der Albtraum eines jeden fähigen Baumeisters gewesen. Der nachträgliche Einbau der Hochschiffgewölbe machte erhebliche Eingriffe in

5 Panschwitz-Kuckau, Marienstern, Zisterzienserinnenkirche, Nonnenempore, Blick nach Westen (Foto Archiv des Autors)

Die Klosterkirche zu Netze – Fragen an die Baugeschichte

die statische Struktur der Empore notwendig, da die Stützen von Emporen- und Hochschiffgewölbe nicht lotrecht übereinander liegen. So konnte zumindest der Gewölbepfeiler für die Hochschiffgewölbe MP4 nicht einfach auf die Empore aufgesetzt werden, weil ihm eine hinreichende Substruktion fehlt. Das gleiche Problem bestand für die Wandvorlagen an der Nord- und Südwand der Kirche, die ebenfalls nicht mit der Gewölbestruktur der Empore harmonieren. Sie mussten zudem durch diese hindurchgeführt werden. Die größte Herausforderung dürfte darin bestanden haben, die Wandvorlagen stabil in die Wand einzusetzen. Dies dürfte mit der Hoffnung erfolgt sein, dass die massive Wand den Gewölbeschub auffangen würde, den die Wandvorlagen nicht aufnehmen konnten.

Ausgehend von der Hypothese, dass die erste Nonnenkirche nur drei Joche lang war, bleibt die Frage nach deren Ostabschluss. Eine korrekte Interpretation vorausgesetzt, erlauben die archäologischen Befunde nur noch einen geraden Abschluss im Osten, der aber auf dem Bauphasenplan auch nicht wirklich überzeugend wiedergegeben ist, da die nördlichen und südlichen Fundamente, auf denen die Ostwand hätte errichtet werden müssen, nicht miteinander korrespondieren (Tf. 3.3).

Die Klosterkirche wurde wahrscheinlich in der 1. Hälfte des 14. Jahrhunderts entweder um zwei Joche nach Osten erweitert oder nach einer Bauunterbrechung vollendet (Tf. 3.4., 4). Ins Auge fallen nicht nur die größeren Fenster (an den Seiten zweibahnige Maßwerkfenster, im Osten dreibahnige), sondern auch die aktualisierten Profile an Bögen und Rippen. Aber auch hier sind die Gewölbe nicht einheitlich konzipiert. Während die zweite östlichste Travée noch mit breiten, nun im Profil der Zeit gestalteten Gurtbögen beginnt, die seitlich jeweils über halbrunden Wandvorlagen ansetzen, sind die östlich folgenden Gurtbögen in gleicher Stärke wie die Diagonalrippen ausgeführt und enden jeweils im oberen Wanddrittel über pyramidal geformten Konsolen. Vermutlich wurde das Profil des breiten Gurtbogens aus einem bereits bestehenden rechteckigen herausgearbeitet, der mit denen im Westen vergleichbar gewesen sein könnte. Zudem ist die südliche Halbrundvorlage wahrscheinlich durch Umarbeitung aus einem älteren Vorlagenprofil hervorgegangen, das dem der südwestlichen Vorlagen sehr nahe gekommen sein dürfte. Die Gewölbe des dritten Joches (W3) sollen im Zuge der Baumaßnahmen Mitte des 19. Jahrhunderts erneuert worden sein. Sie fallen insofern auf, als dass sie kreuzgratgewölbt und die Rippen aufgemalt sind. Der Sinn dieser Gewölbeform in dieser Position erschließt sich nicht. Es ist weiterhin darauf hinzuweisen, dass der erste Rundpfeiler von Westen ebenfalls nachträglich errichtet worden sein muss (Tf. 6). Ihm fehlen nicht nur das angedeutete Kapitell mit Kämpfer, sondern auch systematisch ansetzende Gewölbeanfänger. Hier müsste, wenn die Empore einst bis dahin geführt hat, ursprünglich ein quadratischer Pfeiler mit vier Halbsäulen gestanden haben, vergleichbar jenem, der sich heute noch in der Längsachse der Empore (MP4) befindet (Tf. 5).

Zusammenfassung

Die Zisterzienserinnenkirchen folgen weder einem ordensspezifischen Bautypus, noch besitzt deren innere Raumdisposition eine allgemeingültige Struktur. Zum einen waren die meisten Nonnenkonvente nicht inkorporiert, zum anderen gab es für Zisterzienserinnen im Kirchenbau keine den Männerkirchen vergleichbare Typologie, die sich zumindest in gewissen Grenzen über die Filiationen tradiert hat. Woher der Konvent oder der Baumeister die Anregung zu einer zweischiffigen Halle für Netze bezogen, bleibt ungeklärt. Die einzige Parallele findet sich in der später errichteten Klosterkirche von Marienstern, auch wenn Marienstern eigentlich eine dreischiffige Anlage ist, deren südliches Seitenschiff im unteren Teil den Laufgang des Kreuzganges und darüber einen Laufgang als Zugang zur Empore besitzt. Die Beispiele, die Claudia Mohn für Mitteldeutschland zusammengetragen hat, bieten keinerlei Bezüge.

Die Baugeschichte der Netzer Klosterkirche ist komplexer als bisher angenommen. Die Nonnen übernahmen 1228 einen Kirchenbau mit Westempore, der noch mit einer Flachdecke konzipiert war. Irgendwann, wahrscheinlich in den 1280er Jahren, wurden dann die Hochschiffgewölbe eingezogen und damit der Kirchenraum zu einer zweischiffigen Halle umgestaltet. Schließlich erweiterte man in der ersten Hälfte des 14. Jahrhunderts die Kirche um zwei Joche nach Osten. Es ist nicht unwahrscheinlich, dass der Umbau zur Halle und die Erweiterung ein Projekt waren, das aus finanziellen Gründen in zwei Etappen realisiert wurde. Um diese Hypothesen auf ein solides Fundament zu stellen, bedürfte es aber einer systematischen bauarchäologischen Untersuchung und des erneuten Studiums aller zur Verfügung stehender Archivalien.

Anmerkungen

1 Brigitte Degler-Spengler, „Zahlreich wie die Sterne des Himmels". Zisterzienser, Dominikaner und Franziskaner vor dem Problem der Inkorporation von Frauenklöstern, in: Rottenburger Jahrbuch für Kirchengeschichte 4 (1985), S. 37–50; Jean de la Croix Bouton, Les moniales cisterciennes, 4 Bde., Aiguebelle 1986–1989; Brigitte Degler-Spengler, The incorporation of Cistercian nuns into the Order in the twelfth and thirteenth century, in: John A. Nichols und Lillian Thomas Shank (Hrsg.), Hidden Springs. Cistercian Monastic Woman (Cistercian Studies 113), 2 Bde., Kalamazoo / Mich. 1995, Bd. 1, S. 85–134; Hiltrut Rissel, Entdeckung einer Inkorporationsurkunde für ein frühes Frauenkloster im 12. Jahrhundert, in: Cîteaux 39 (1998), S. 43–64; Franz J. Felten, Der Zisterzienserorden und die Frauen, in: Harald Schwillus und Andreas Hölscher (Hrsg.), Weltverachtung und Dynamik (Studien zur Geschichte, Kunst und Kultur der Zisterzienser 10), Berlin 2000, S. 34–135; Franz J. Felten, Zisterzienserinnen in Deutschland. Beobachtungen und Überlegungen zu Ausbreitung und Ordenszugehörigkeit, in: Unanimité et Diversité Cisterciennes. Filiations – Réservaux – Relectures du XIIe au XVIIe siècle. Actes du Quatrième Colloque International du C.E.R.C.O.R, Dijon, 23–25 Septembre 1998, Saint-Étienne 2000, S. 345–400; Gerd Ahlers, Weibliches Zisterziensertum im Mittelalter und seine Klöster in Niedersachsen (Studien zur Geschichte, Kunst und Kultur der Zisterzienser 13), Berlin 2002; Bruno Norbert Hannöver, Die Zisterzienserinnen. Frauen in der Nachfolge Christi, Langwaden 2004.

2 Ein Beschluss des Generalkapitels der Zisterzienser aus dem Jahr 1487 (Statut 147) vermerkt, dass der Nonnenkonvent zu Netze durch den Abt des Klosters Kamp (Altenkamp), Heinrich von der Heiden alias Heinrich von Kalkar (1483–1499, †1502), erfolgreich reformiert und in den Zisterzienserorden integriert wurde *(Sollicitante comite de Waldeck monasterium monialium de Valle Sanctae Mariae dictum Netze, per abbatem Campensem Ordini incorporetur)*. Joseph Maria Canivez (Hrsg.), Statuta Capitulorum Generalium Ordinis Cisterciensis ab anno 1116 ad annum 1786, 8 Bde., Louvain 1933–1941, hier Bd. 5, 1937, S. 629.

3 *[…] in ea (ecclesia in ualle sancte marie) sanctimoniales cisterciensis ordinis domino die noctuque deseruituras locavimus.* Herbert Baums Interpretation, dass hier Nonnen den Gottesdienst „nach Zisterzienserordnung" feiern, ist eine Auslegung, die vom lateinischen Text nicht gedeckt ist. Die Übersetzung von Baum wird von Karl Kann zitiert (Karl Kann, Die ehemalige Zisterzienserinnen-Klosterkirche im „Thal der Hl. Maria zu Netze" Waldeck-Hessen, Netze o.J., S. 6). Der lateinische Text ist abgedruckt in: Johann Adolf Theodor Ludwig Varnhagen, Grundlage der waldeckischen Landes- und Regentengeschichte. Mit Urkundenbuch, Göttingen 1825, Urkundenbuch, Nr. 19, S. 55f. Der Urkundentext wurde mit dem Original verglichen und ist mit einer zeitgemäßen deutschen Übertragung im Anhang wiedergegeben. Zu Klostergründung und frühen Entwicklung: Gabriele Maria Hock, Die westfälischen Zisterzienserinnenklöster im 13. Jahrhundert: Gründungsumstände und frühe Entwicklung. Dissertation, Universität Münster 1994, Druck 2004 (https://miami.uni-muenster.de/Record/c17c c0ca-da9d-4968-9501-cb7e647e94f7), S. 497–515.

4 Wenn Frauenklöster in den Orden inkorporiert wurden, bestimmte das Generalkapitel auch das aufsichtsführende Männerkloster. Der Abt des Männerklosters war verpflichtet, entweder selbst oder durch einen von ihm benannten Stellvertreter, die wirtschaftliche Verwaltung des Klosters zu kontrollieren und die spirituelle Betreuung der Nonnen wahrzunehmen. Die erste Sammlung grundsätzlicher Bestimmungen zum Umgang der Zisterzienser mit ihrem weiblichen Zweig findet sich in den Kodifikationen von 1237 und 1257. Hier ist die fünfzehnte Distinktion den Nonnen gewidmet. Bernard Lucet (Hrsg.), Les codifications cisterciennes de 1237 et de 1257 (Source d'histoire médiévale), Paris 1977, S. 348–357.

5 Es sei angemerkt, dass sich für die unmittelbare Gründungszeit einige Parallelen zu Wienhausen zeigen, wenngleich Otto, Herzog von Braunschweig, 1244 beim Generalkapitel darum bat, die Nonnen von Wienhausen in den Orden aufzunehmen und sie dem Kloster Riddagshausen zu unterstellen. Allerdings ist keine vom Generalkapitel bestätigte Inkorporation überliefert. Die erste Erwähnung der Nonnen von Wienhausen erfolgte 1229 in einer Schenkungsurkunde des Hildesheimer Bischofs Konrad II., ohne dass sich daraus ein Hinweis auf eine Zugehörigkeit zu den Zisterziensern ergibt, denn die Schenkung geht an die „ecclesie in Winhusen" und den Propst „Wernerus in Winhusen". In einer bischöflichen Bestätigungsurkunde von 1233 werden die Nonnen als dem Zisterzienserorden angehörend charakterisiert, was nicht korrekt sein kann, denn ihr Aufnahmeantrag wurde erst 1244 im Generalkapitel verhandelt. Zu Wienhausen: Heike Leerhoff, Art. „Wienhausen", in: Germania Benedictina. Die Männer- und Frauenklöster der Zisterzienser in Niedersachsen, Schleswig-Holstein und Hamburg, hrsg. von Ulrich Faust, St. Ottilien 1994, S. 756–796.

6 Studies in Art and Architecture, vol. 6, Cistercian nuns and their world, hrsg. von Meredith Parsons Lillich, Kalamazoo / Mich. 2005. Einen Überblick für Frankreich, die Schweiz und die Niederlande geben: Marcel Aubert, L'architecture cistercienne en France. 2 Bde., Paris 1947; Anselm Dimier, L'architecture des églises de moniales cisterciennes, in: Cîteaux 25 (1974), S. 8–23; Michel Desmarchelier, L'architecture des églises de moniales cisterciennes, essai de classement des différents types de plans, in:, Mélanges à la mémoire du Père Anselme Dimier, hrsg. von Benoît Chauvin, 6 Bde. Arbois 1982, hier Teil III, Bd. 5, 1982, S. 79–121 und Wolf Heinrich Kulke, Zisterzienserinnenarchitektur des 13. Jahrhunderts in Südfrankreich (Kunstwissenschaftliche Studien 122), München und Berlin 2006; Zisterzienserbauten in der Schweiz. Neue Forschungsergebnisse zur Archäologie und Kunstgeschichte. Frauenklöster (Veröffentlichungen des Instituts für Denkmalpflege an der Eidgenössischen Technischen Hochschule Zürich 10.1), Zürich 1990; Thomas Coomans, Cistercian nunneries in the Low Countries: The medieval architectural remains, in: Studies in Art and Architecture, vol. 6, Kalamazoo / Mich. 2005, S. 61–131.

7 Ernst Coester, Die einschiffigen Cistercienserinnenkirchen West- und Süddeutschlands von 1200 bis 1350, Mainz 1984; Claudia Mohn, Mittelalterliche Klosteranlagen der Zisterzienserinnen. Architektur der Frauenklöster im Mitteldeutschen Raum (Berliner Beiträge zur Bauforschung und Denkmalpflege 4), Petersberg 2006; Margit Mersch, Gehäuse der Frömmigkeit – Zuhause der Nonnen. Zur Geschichte der Klausurgebäude zisterziensischer Frauenklöster im 13. Jahrhundert, in: Studien und Texte zur literarischen und materiellen Kultur der Frauenklöster im späten Mittelalter, hrsg. von Falk Eisermann, Eva Schlotheuber und Volker Honemann, Leiden und Boston 2004, S. 45–102.

8 Christine Kratzke, The architecture of the Cistercian nunneries in the north of Germany, in: Studies in Cistercian Art and Architecture (wie Anm. 6), S. 133–189; Friederike Warnatsch-Gleich, Herrschaft und Frömmigkeit. Zisterzienserinnen im Hochmittelalter (Studien zur Geschichte, Kunst und Kultur der Zisterzienser 21), Berlin 2005.

9 Werner Meyer-Barkhausen, Die Kirche des ehemaligen Zisterzienserinnenklosters in Netze, in: Hessische Heimat 4,2 (1954), S. 2–6.

10 Die Bau- und Kunstdenkmäler im Regierungsbezirk Kassel, NF 4, Kreis der Eder, bearb. von G. Ganssauge, W. Kramm und W. Medding, Korbach 1960, S. 237–250.

11 Herbert Baum, Die Grabkapelle der waldeckischen Grafen in Netze, in: Geschichtsblätter für Waldeck 66 (1977), S. 186–194.

12 Kann o.J. (wie Anm. 3) 10f.; Jens Kulick, Ausgrabungen in der Netzer Kirche, in: Land an Eder und Diemel, Korbach 1992, S. 68f. Diese Grabungsbefunde konnten durch den plötzlichen Tod des Autors wahrscheinlich nicht mehr hinreichend aufgearbeitet werden. Sehr informativ ist auch die Internetseite „Kamps Töchter" (http://kamps-toechter.de/index.php?netze), jedoch ohne Einzelnachweise in den Details.

13 Mohn 2006 (wie Anm. 7), S. 322f.; weitere Überblicke: Georg Dehio, Handbuch der Deutschen Kunstdenkmäler: Hessen, bearb. von F. Cremer u.a., München und Berlin 2008, S. 676f.; Xenia Stolzenburg, Romanische Kirchen in Waldeck, Berlin und München 2009, S. 78–81 sowie Katharina Schaal, „Netze", in: Die Mönche und Nonnenklöster der Zisterzienser in Hessen und Thüringen, 2 (Germania Benedictina IV,2), bearb. von Friedhelm Jürgensmeier und Regina Elisabeth Schwerdtfeger, St. Ottilien 2011, S. 1098–1109.

14 Braunfels, Wolfgang, Abendländische Klosterbaukunst, Köln [5]1985.

15 Braunfels 1985 (wie Anm. 14), S. 9.

16 Joseph Zemp, Die Klosterkirche in der Magerau bei Freiburg, in: Anzeiger für schweizerische Alterthumskunde 8 (1906), S. 289–296; Patrick Braun, La Maigrauge (Magerau), in: Helvetia Sacra, Abt. III, Bd. 3, Teil 2, Bern 1982, S. 797–813; Hans Rudolf Sennhauser, La Maigrauge, in: Zisterzienserbauten in der Schweiz (wie Anm. 6), S. 167–170; Stephan Gasser, Die Zisterzienserinnenkirche in der Magerau. Retrospektive Architektur als Trägerin ordenspolitischer Intentionen, in: Zeitschrift für schweizerische Archäologie und Kunstgeschichte 58 (2001), S. 259–266.

17 Regula Benedicti – Die Benediktus-Regel (lat./dt.), hrsg. im Auftrag der Salzburger Äbtekonferenz, Beuron 1992.

18 Matthias Untermann, Forma Ordinis. Die mittelalterliche Baukunst der Zisterzienser (Kunstwissenschaftliche Studien 89), München und Berlin 2001, S. 233–282.

19 Matthias Untermann, The Place of the Choir in Churches of Female Convents in the Medieval German Kingdom, in: Women in the Monastic World (Medieval Monastic Studies 1), hrsg. von Janet Burton und Karen Stöber, Turnhout 2015, S. 327–353.

20 H. Nebelsieck, Die Ablassprivilegien des Klosters Marienthal, in: Geschichtsblätter für Waldeck 39 (1939), S. 13–18, hier S. 15; Bestätigung der Ablassprivilegien durch Ebf. Gerhard von Mainz (30. April 1287).

21 Untermann 2001 (wie Anm. 18), S. 427–465; Norbert Nußbaum, Der Chorplan der Zisterzienserkirche Altenberg. Überlegungen zur Entwurfs- und Baupraxis im 13. Jahrhundert, in: Wallraf-Richartz-Jahrbuch 64 (2003), S. 7–52.

22 Nebelsiek 1939 (wie Anm. 20), S. 17f.

23 All diese Arbeiten wären anhand des Bestandes der überlieferten Bauakten erneut zu überprüfen.

24 Der Stiftungsbrief ist hier keineswegs eindeutig. Zum einen nehmen die Grafen in Anspruch, dass sie zur Vergebung ihrer Sünden den Bau von heiligen Kirchen *(et sanctarum edificationem ecclesiarum)* bereits veranlasst hätten. Baum überträgt den Genitiv Plural als Singular: mit „die Erbauung dieser heiligen Kirche" und bezieht damit den Kirchenbau auf Marienthal. Zum anderen heißt es in derselben Passage, dass eben dieses Gotteshaus den Grafen offen, d. h. zur Verfügung stünde *(ecclesiam in ualle sancte marie nobis vacantem)*. Dies ist insofern bemerkenswert, als dass es als ein indirekter Hinweis verstanden werden kann, dass die Grafen vorher auch mit anderen religiösen Institutionen verhandelt haben könnten.

25 Die Hypothese, dass der Stiftungsbrief den Abschluss eines längeren Gründungsprozesses darstellt, wird auch durch den ersten überlieferten Ablassbrief von 1229 unterstützt. Darin wird nicht nur zu Geld- oder Sachspenden aufgefordert, sondern auch zum Besuch des Klosters, und das setzt voraus, dass der Nonnenkonvent die Anlage zu diesem Zeitpunkt bereits bewohnte.

26 Kulick 1992 (wie Anm. 12).

27 Sabine Lepsky und Norbert Nußbaum, Das gotische Gewölbe. Eine Geschichte seiner Form und Konstruktion, Darmstadt 1999, S. 55–68.

28 Norbert Nußbaum, Deutsche Baukunst der Gotik, Darmstadt ²1994, S. 53–59.

29 Ulrich Knapp, Das Kloster Maulbronn. Geschichte und Baugeschichte, Stuttgart 1997, S. 82–86.

30 Mohn 2006 (wie Anm. 7), S. 167–169.

31 Marius Winzeler, Das „Opus sumptuosum" des Bernhard III. von Kamenz: zur mittelalterlichen Baugeschichte der Klosteranlage von St. Marienstern, in: 750 Jahre Kloster St. Marienstern: Festschrift, hrsg. von Karlheinz Blaschke u.a., Halle 1998, S. 242–259.

32 Die Frage, auf welcher Seite sich das Chorgestühl stand, bedarf noch weiterführender Analysen. Da aber der Kreuzgang nördlich der Kirche lag, dürfte sich auch das Chorgestühl der Nonnen ursprünglich im nördlichen Teil der Empore befunden haben. Dies hätte den Vorteil gehabt, dass der südliche Teil, der Empore, der an die Grabkapelle anschließt, von der Waldecker Grafenfamilie besetzt werden konnte, korrekt getrennt von der Klausur, zugleich aber standesgemäß erhöht.

Gründungsurkunde des Klosters Netze (1228)

Jens Rüffer

¹*In nomine sancte et indiuidue trinitatis.*
²*Volcquinus et Adolfus fratres comites de Svalenberg et de Waldecke cenobio in ualle sancte Marie in perpetuum.*
³*Cum uetustas, immo modici temporis cursus rerum gestarum, memoriam abolere soleat, digne prouisum est, ut ea, que rationabiliter aguntur, monimentis publicis committantur.*
⁴*Sciat igitur presens etas et cognoscat uniuersa posteritas, quod animarum nostrarum remedio prouidentes et alto corde recolentes, quod per largitionem elemosinarum et sanctarum edificationem ecclesiarum tam criminalium quam uenialium absterguntur delicta peccatorum, ecclesiam in ualle sancte Marie nobis uacantem sancte dei genitrici Marie contulimus et in ea sanctimoniales Cisterciensis ordinis deo die noctuque deseruituras locauimus.*
⁵*Et ex consensu heredum nostrorum cum omni integritate redituum iam dicte ecclesie eam dotauimus firmiter inhibentes, ne quis officialium uel heredum nostrorum aliquam in predictis bonis exerceat iurisdictionem;*
⁶*statuentes etiam, ne ad maleficia exercenda ad predicta aliquis accedere*

¹Im Namen der heiligen und unteilbaren Dreifaltigkeit. ²Die Brüder Volkwin und Adolf, Grafen von Svalenberg und Waldeck, dem Kloster im Tal der hl. Maria in Ewigkeit.
³Weil das Alter, ja sogar der Ablauf kurzer Zeit die Erinnerung an die Taten zu zerstören pflegt, ist geziemend Vorkehrung getroffen worden, dass das, was man vernünftigerweise tut, öffentlichen Urkunden übergeben werde.
⁴So wisse das gegenwärtige Zeitalter und erfahre die gesamte Nachwelt, dass wir, indem wir für unserer Seelenheil Vorkehrungen treffen und tief in unserem Herzen erwägen, dass durch Freigiebigkeit an Almosen und durch Errichtung heiliger Kirchen die Verfehlungen sowohl der sträflichen als auch der lässlichen Sünden getilgt werden, die Kirche im Tal der hl. Maria, die uns offen steht, der hl. Gottesgebärerin Maria übertragen und in ihr Nonnen des Ordens der Zisterzienser angesiedelt haben, damit sie [dort] Gott Tag und Nacht dienen.

⁵Und in Übereinstimmung mit unseren Erben haben wir sie [diese Klosterkirche] mit aller Unversehrtheit der Einkünfte der oben bereits genannten Kirche ausgestattet, wobei wir fest verbieten, dass irgendeiner unserer Offizialen oder Erben irgendeine Gerichtsbarkeit über die vorgenannten Güter ausübt. ⁶Wir verfügen auch, dass niemand es wage, sich zur Verübung von

presumat bona, nisi uocatus a preposito eiusdem loci sine spe acquisitionis iudicaturus accedat. ⁷Ne uero quis in posterum hec infringere possit, presentem paginam huius facti confirmatiuam conscribi fecimus et sigillorum appensione munitam roborauimus.

⁸Acta sunt hec anno uerbi domini M°CC°XXVIII° regnante Frederico imperatore et presidente ecclesie Maguntine Sifrido archiepiscopo. Huius facti testes sunt:

⁹Wigandus prepositus eiusdem loci, Tydericus capellanus suus, Hermannus sacerdos de Svalenberg, Tydericus capellanus in Waldecke; laici: Burchardus de Holthusen, Tidericus de Ebbelinchusen, Tidericus de Wigenchusen, Johannes de Donepe et alii quamplures.

Missetaten den vorgenannten Gütern zu nähern, wenn er nicht vom Propst desselben Ortes gerufen wurde, um ohne Hoffnung auf Erwerb Urteile zu sprechen. ⁷Damit aber späterhin niemand dagegen handeln kann, haben wir die vorliegende Urkunde zur Bestärkung des Beschlossenen zusammenschreiben lassen und fest durch Anbringung von Siegeln bekräftigt.

⁸Dies ist geschehen im Jahr des Wortes des Herrn 1228, als Kaiser Friedrich regierte und Erzbischof Siegfried der Kirche von Mainz vorstand. Die Zeugen dieses Geschehens sind:

⁹Wigand, Propst desselben Ortes, Dietrich, sein Kaplan, Hermann, Priester von Schwalenberg, Dietrich, Kaplan in Waldeck. Laien: Burckhard von Holzhausen, Dietrich von Ebblinghausen, Dietrich von Wiegenshausen, Johann von Donape und andere mehr.

Der lateinische Text ist in Johann Adolf Theodor Ludwig Varnhagen, Grundlage der waldeckischen Landes- und Regentengeschichte: Mit Urkundenbuch, Göttingen 1825, Urkundenbuch, Nr. 19, S. 55f. abgedruckt, er wurde mit dem Original verglichen und ins Deutsche übertragen. Ich danke Dr. Matthias Lawo, Brandenburgische Akademie der Wissenschaften, für die Durchsicht des lateinischen Textes und die Korrektur der Übersetzung.

Die alte Glocke der Netzer Kirche

Claus Peter

Wer sich der malerisch über dem Ort gelegenen Kirche von Netze nähert, erwartet zunächst, es mit einer ländlichen Pfarrkirche zu tun zu haben, die, wie so viele ihresgleichen, auch im Waldecker Land seit Jahrhunderten das Ortsbild prägen und einen Mittelpunkt des dörflichen Lebens darstellen. Erst die nähere Beschäftigung mit der Kirche zeigt dem Besucher, dass er es mit einer Kirche zu tun hat, die „zwei Herren" diente. Zum einen war (und ist) sie die Pfarrkirche des Orts, zum anderen war sie einst die Klosterkirche eines Zisterzienserinnenkonvents. Eine solche Konstellation hat immer auch Auswirkungen nicht nur auf die bauliche Gestalt, sondern auch auf die liturgische Ausstattung einer solchen Kirche, zu der in Netze neben dem überregional bedeutenden Flügelretabel auch eine sehr alte Glocke gehört (Abb. 7). Diese und die Geschichte des Geläutes sind daher zu befragen, ob und gegebenenfalls wie sie in einen Kontext mit der Doppelfunktion der Kirche gestellt werden können.

Kirchen mit einer solchen Doppelfunktion als Pfarr- / Stifts- beziehungsweise Klosterkirche sind gar nicht so selten; in Westfalen ist diese Konstellation sogar besonders häufig anzutreffen. Manche dieser Kirchen zeigen noch heute, zweihundert Jahre nachdem die Konvente der Säkularisation anheimfielen, dass auch der Glockenbestand beziehungsweise dessen Formierung der einstigen Doppelfunktion folgt, indem es Glocken für die Pfarrei und solche für das Stift beziehungsweise das Kloster, aber auch für den gemeinsamen Gebrauch gab[1]. Wie indes die Glockennutzung in solchen Kirchen aus liturgischer Sicht im Detail gehandhabt wurde, ist, von ganz wenigen Einzelfällen abgesehen, noch kaum erforscht[2]. Weil das Glockenläuten allgemein zu den am konservativsten gehandhabten kirchlichen Handlungsfeldern gehörte, gab es nur selten einen Grund, die liturgische Nutzung der Glocken schriftlich zu überliefern. Dementsprechend schlecht ist daher die Quellenlage.

Das gilt auch und (vielleicht besonders) für die Kirchen der Reformorden. Unter ihnen gehörten die Zisterzienser zu jenen Ordensgemeinschaften, bei denen es schon früh zur Gründung von Frauenkonventen kam, die sich der reformorientierten Ordensregel verpflichtet fühlten. Ihre Zahl nahm in kurzer Zeit enorm zu, so dass sich bald auch die Generalkapitel des Ordens mit Frauenkonventen zu befassen hatten, die formell Aufnahme in die Ordensgemeinschaft begehrten. Doch gestaltete sich das Verhältnis des Ordens zu den Frauenkonventen im Spannungsfeld zwischen Aufnahme einzelner Konvente in die Ordensgemeinschaft und ausgesprochenen Verboten, neue Frauenkonvente überhaupt zu gründen.

Dass es unter diesen Bedingungen nicht zu einer für alle verbindlichen Kodifizierung von Ordensregeln kam, auch nicht solchen, die Bau und Ausstattung der Kirchen betrafen,[3] erscheint plausibel. Andererseits überrascht es, selbst in Klöstern von Bettelorden mit einem Bestand von nur zwei kleinen Glocken bisweilen eine reich differenzierte liturgische Nutzung anzutreffen, wie zum Beispiel im Falle der Franziskaner-Observanten in der ehemaligen Sächsischen Ordensprovinz.[4]

Die Kenntnis dieser hier nur marginal angedeuteten Randbedingungen,[5] ist letztlich auch für die Bearbeitung der Glocken hinsichtlich ihres liturgischen Einsatzes wichtig. Als erstes ist daher die Glockengeschichte der Netzer Kirche zu befragen.

1   Drei der alten Joche, Netze. Am linken Joch hing die alte Glocke, das rechte ist das jüngste und gehörte zu der 1923 gegossenen Glocke (Foto Claus Peter)

Zur Geschichte des Geläuts der Netzer Kirche

Zur Glockengeschichte der Netzer Kirche zeigen sich der aktuelle Kenntnisstand und, wie es den Anschein hat, auch die Quellenlage als denkbar spärlich. Lediglich vier im Turm liegende alte Joche als Hinterlassenschaft des einstigen Glockenbestands lassen darauf schließen, dass das Geläute einst maximal vier Glocken umfasst haben könnte, wobei eine von ihnen, nach der Jochlänge zu urteilen, deutlich kleiner gewesen sein muss als die drei anderen (Abb. 1).[6] Dabei ist aber nicht auszuschließen, dass das dritte (jüngere) Joch nicht zu einer dritten Glocke gehörte, sondern erst mit dem Guss einer neuen Glocke im Jahre 1923 an die Stelle des zweiten trat.[7] Daraus wäre dann ein einstiger Bestand von nur zwei großen und einer kleinen Glocke abzuleiten. Älteren Fotos zufolge hat die erhaltene alte Glocke früher unter dem größten der erhaltenen Joche gehangen; sie wird folglich einst die größte des Geläutes gewesen sein.[8]

Nach den Quellen[9] definitiv festzuhalten ist, dass im erwähnten Jahr 1923 für einen Endbetrag von 3,611344 Mio. Mark eine neue Glocke von der Glockengießerei Gebrüder Rincker bezogen wurde, wahrscheinlich als Ersatz für eine im Ersten Weltkrieg enteignete Glocke, von der wir aber nichts wissen. Diese neue Glocke dürfte dann im Zweiten Weltkrieg vernichtet worden sein. Die daraufhin aus der Gemeinde Berndorf nach Netze überführte, 1924 von der Gießerei Junker & Edelbrock in Brilon gegossene Glocke[10] hing dann bis zur Neuformierung des Geläuts im Jahre 1971 neben der alten Glocke im Turm. Ihr Verbleib ist unbekannt. 1971 traten an ihre Stelle die beiden heute vorhandenen, von der Firma Kisselbach (Kassel) gelieferten, jedoch von der von der Firma Petit & Gebrüder Edelbrock (Gescher) gegossenen Glocken.[11] Bereits 1963 wurde der alte Holzglockenstuhl entfernt, obwohl er ein wichtiges Dokument zur Erschließung eines früheren Geläutezustands ist. Soweit eine ältere Abbildung erkennen lässt,[12] bildete das Holzwerk in der Glockenstube keine in sich geschlossene Glockenstuhlkonstruktion; vielmehr hingen die Glocken zwischen durch den Turmschaft gezogenen, im Mauerwerk eingelassenen und nach unten abgestrebten Balken. Da man diese Situation für eingetretene Bauschäden verantwortlich machte, wurde das alte Holzwerk 1963 entfernt und durch die heute vorhandene, auf einer Betonscheibe aufgelagerte Stahlkonstruktion ersetzt. Eine Bestandsdokumentation gibt es offenbar nicht.

Als nächstes ist nun als einziges Zeugnis aus der Frühzeit des Geläuts die erhaltene alte Glocke genauer zu betrachten und auf einen eventuellen Kontext mit dem Kloster Netze zu befragen.

Die alte Glocke der Netzer Kirche im Kontext der allgemeinen Glockengeschichte

Auf den ersten Blick fällt die alte Netzer Glocke durch ihre von der heutigen Form deutlich abweichende Gestalt auf (Abb. 7). Um diese im Kontext der allgemeinen Glockengeschichte zu verorten, ist es erforderlich, einen kurzen Blick auf die allgemeine formale Entwicklung der Glocke zu werfen.[13]

Der Gebrauch von Glocken ist seit dem 6. Jahrhundert sicher überliefert. Im 9. Jahrhundert, als Karl der Große sich nachdrücklich für den Gebrauch von Glocken einsetzte, berichtet der Abt Hrabanus Maurus aus dem Kloster Fulda von „vasa productilia vel vasa fusibilia" – sinngemäß übersetzt „von (aus Eisenblech) geschmiedeten oder gegossenen Glocken". Verständlicherweise war nur den letzteren eine wirkliche Zukunft beschieden. Sie müssen daher im Mittelpunkt der folgenden Ausführungen stehen.

Die früheste erhaltene abendländische Glockenform ist die der Bienenkorbglocke und der ihr ähnlichen Formen. Prominentestes und ältestes Exemplar ist die 1978 aufgefundene bienenkorbförmige Glocke von Haithabu, die in die Zeit um 950 datiert wird.[14] Einen etwas anderen Typ früher Bienenkorbglocken repräsentiert eine in Canino nahe bei Rom aufgefundene Glocke. Formenvarianten, die diesem Typus nahestehen, sind auch nördlich der Alpen zu finden.

Die Glocken dieser frühen Zeit waren durchweg klein und sehr dünnwandig. Sie entstanden, wie es Fundorte und -umstände belegen, häufig in Situationen, in denen es auf leichte Transportierbarkeit ankam, also in Missionsge-

2   Bad Hersfeld, Stiftsruine, sog. Lullusglocke, 11. Jh. (Foto Claus Peter)

bieten, in denen möglichst rasch eine funktionierende Kirchenorganisation aufzubauen war. Die geringe Haltbarkeit solch dünnwandiger Glocken hatte zur Folge, dass sie keinen langen Bestand hatten und meist nur noch archäologisch fassbar sind. So verwundert es nicht, dass bald schon, im Verlauf des 11. und 12. Jahrhunderts, die Glocken zunehmend dickwandiger wurden, und dabei vor allem der Schlagringbereich eine deutliche Verstärkung sowie eine immer weitere Annäherung an die heutige Form erfuhr – alles Maßnahmen die wohl vorzugsweise der Stabilisierung des Glockenkörpers dienen sollten, aber der Glocke auch zunehmend Klangfülle verliehen. Gleichzeitig nahmen die Glocken an Größe zu: So bringt es die berühmte Lullusglocke (Abb. 2) der Hersfelder Stiftskirche in der 1. Hälfte des 11. Jahrhunderts bereits auf

Die alte Glocke der Netzer Kirche

3 Drohndorf (Anhalt), 1. Hälfte bis Mitte 12. Jahrhundert (Foto Claus Peter)

4 Kamen-Methler (Kr. Unna), ev. Kirche, um oder noch vor 1200 (Foto Claus Peter)

ein Gewicht von einer Tonne, und Bischof Azelin von Hildesheim (reg. 1044–1054) ließ im 11. Jahrhundert sogar eine 100 Zentner schwere Glocke für den dortigen Dom gießen.[15]

Die in der Folgezeit entstandenen bienenkorbförmigen Glocken zeigen sich formal zunehmend fortschrittlicher, vor allem was die Ausformung der Schlagringzone und letztlich auch der Flanke betrifft, die in der Endphase der Entwicklung schon eine ganz leichte Kurvung aufweisen konnte. Ein gutes Beispiel dafür ist die Glocke von Drohndorf/Anhalt (Abb. 3). Sie führt eine stattliche Reihe erhaltener Exemplare dieser formalen Faktur an.[16] Ihre Standorte liegen in der für die Glockengeschichte so hoch bedeutenden Region um den Harz.[17] Die Glocken sind sehr einheitlich gestaltet und verbreiten sich von dort aus auch in weit entlegene Regionen.[18] Hergestellt wurden sie alle nach dem von Theophilus in seiner „Schedula diversarum artium" beschriebenen Wachsausschmelzverfahren.[19]

In der 2. Hälfte des 12. Jahrhunderts sollte es dann, belegt durch wenigstens ein datierbares Beispiel – erstmals zu einer nachhaltigen Änderung der Glockenform kommen: Die Glocken bekommen nun eine zuckerhutförmige Gestalt (Abb. 4).[20] Deutlich erkennbar ist, dass sie nach einem veränderten Formverfahren hergestellt wurden. Wurden noch die späten Bienenkorbglocken, nach dem Wachsausschmelzverfahren hergestellt, das heute noch im Bereich des Kunstgusses angewendet wird, so zeigen die Spuren der Herstellungstechnik, dass bei den zuckerhutförmigen Glocken durchweg das neue Mantelabhebeverfahren zur Anwendung kam.

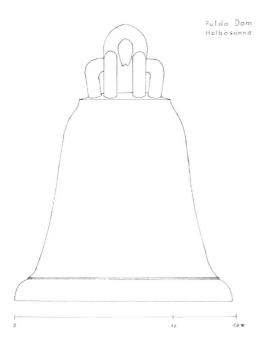

5   Fulda, ehem. Klosterkirche (Dom), sog. Halbosanna, jetzt in Fulda-Neuenberg, St. Andreas, 2. Hälfte 12. Jahrhundert (Zeichnung Claus Peter)

Bei diesem wird der fertig gebrannte Mantel zur Entfernung des darunter gelegenen Glockenmodells, der sogenannten falschen Glocke abgezogen. So brauchte man künftig diese nicht mehr aus teurem Wachs herzustellen, von dem beim Trocknen und Brennen der Form immer ein Teil verloren ging, sondern konnte sie, wie die übrigen Formteile, kostengünstiger, das heißt ebenfalls aus Lehm herstellen. Gelingt das Abziehen des Mantels bei der fast senkrechten Wandung einer Bienenkorbglocke nur schwer ohne kleinere oder größere Beschädigungen, so glückt er bei den kegelstumpfförmigen Formteilen einer Zuckerhutglocke leichter. Ohne Zweifel ist daher das Aufkommen dieser Glockenform in erster Linie mit der Umstellung auf das neue Formverfahren in Verbindung zu bringen und nicht mit

einer Weiterentwicklung des Glockenklanges, der Suche nach einem Klangideal – wer will oder kann ein solches aus heutiger Sicht überhaupt definieren?! Dass dabei die gravierenden klanglichen Konsequenzen der Formänderung sogleich wahrgenommen wurden, dürfte aber außer Frage stehen.

So darf man annehmen, dass die Abhängigkeit der Klanggestalt von der Form der Glocke, wie sie im Unterschied zwischen Bienenkorb- und Zuckerhutglocken aufs deutlichste wahrzunehmen ist, Anlass oder Anreiz gegeben hat, mit der Form der Glocke zu experimentieren. Es schließt sich nämlich an das Aufkommen von zuckerhutförmigen Glocken in den letzten Jahrzehnten des 12. Jahrhunderts eine Epoche mit zahllosen Formvarianten an, die mal mehr mal weniger dem einen wie dem anderen Typ nahestehen. Im Hinblick darauf, was schließlich als Ergebnis herauskommen sollte, nämlich eine Glocke in der bis heute üblichen Form, bezeichnet man die Gestalt solcher Glocken als Übergangsform. Mit einer 1945 vernichteten Glocke der ehemaligen Abteikirche Mönchengladbach ist auch für diese Glocken in Übergangsform ein datierbares Beispiel greifbar.[21] Prominentester Repräsentant einer solchen Glocke in Hessen ist die sogenannte Halbosanna des Domes zu Fulda (Abb. 5).[22]

Der Übergang zu einem neuen Glockentyp geschah dann ziemlich genau um und nach 1200 mit dem Aufscheinen der ersten Glocken in der bis zum heutigen Tag gebräuchlichen Form (sog. gotische Rippe; Abb. 6). Weil solche Glocken – erstmals in der Geschichte der Glockenkunst – dem Hörer einen klar definierbaren Tonhöheneindruck vermittelten, sollten sie den Weg bereiten unter anderem für eine intervallmäßig korrekte Abstimmung von Glocken zueinander.

Vor dem Hintergrund dieser hier nur in aller Kürze umrissenen Entwicklung der Glockenform zur heutigen Gestalt wird auf den

6 Eine der frühesten datierten Glocken in der heute üblichen Form (gotische Rippe): Gottmadingen-Randegg (Bodensee), datiert 1209 (Foto Claus Peter)

7 Glocke zu Netze, Gesamtansicht (Foto Claus Peter)

ersten Blick deutlich, dass die Netzer Glocke der vorbesprochenen Übergangsform angehört (Abb. 7). Die obere Hälfte der Glocke weckt durchaus noch Erinnerungen an die Bienenkorbform, während sie in der Gesamtgestalt den zuckerhutförmigen Glocken nicht fernsteht. Über all dem zeigt sie eine deutlich ausgeprägte Schlagringzone. Hauptproblem für eine zeitliche Verortung innerhalb der Gruppe der Glocken in Übergangsform ist aber, dass der Glocke die Krone komplett fehlt und sie sowohl einer Inschrift wie jeglicher anderer Darstellungen entbehrt, deren stilistische Einordnung mitunter eine Datierungshilfe bedeuten kann. Mündlicher Überlieferung zufolge ist die Krone bis auf den Kronenstock mit der Mittelöse abgebrochen, als die Glocke etwa Mitte des 19. Jahrhunderts beim Läuten abstürzte.[23] Sie war seitdem, wie eine ältere Abbildung zeigt,[24] provisorisch am Joch befestigt, bis sie im Jahre 1963 die heutige aufgeschraubte Eisenkrone erhielt, wobei die verbliebenen Henkelstümpfe und die Mittelöse komplett entfernt wurden. An ihre Stelle trat eine eiserne Krone. Diese aber verdeckt nun den für solche Glocken in Übergangsform typischen Gussrand zwischen Haube und Platte als wichtigstes Indiz für das in der 2. Hälfte des 12. Jahrhunderts sich etablierende Mantelabhebeverfahren.

Zur Klanggestalt der alten Netzer Glocke

Wer der Netzer Glocke aufmerksam zuhört, fühlt sich durchaus noch an das archaische Klangbild einer Bienenkorbglocke erinnert: Zu vernehmen sind ein sehr tief liegender Unterton und in weitem Abstand darüber ein „Konglomerat" meist dicht beieinander liegender, zueinander dissonanter Teiltöne und ein in seiner Lage gehörmäßig kaum fassbarer Tonhöheneindruck. Demgegenüber lassen „fortschrittlicher" geformte Glocken in Übergangsform, wie etwa die Fuldaer Halbosanna, bereits erkennen, was einst aus diesen Formvarianten entstehen sollte, indem sie bereits einen Teilton besitzen, der als Terz gehört wird[25] und vor allem mit einer Oktave, einer Duodezime und einer Doppeloktave Teiltöne aufweisen, die zu den Schlagtonbildnern gehören. Dementsprechend vermittelt sie weitaus deutlicher als die Netzer Glocke einen fixierbaren Tonhöheneindruck im Augenblick des Anschlags. Die Gegenüberstellung der beiden Klanganalysen zeigt das sehr anschaulich. Zur Verdeutlichung ist in der Spalte ganz rechts das Klangbild einer 1247 gegossenen Glocke in gotischer Rippe gegenübergestellt (Tabelle).

Um die vorstehende Charakterisierung des Klangaufbaus richtig in den historischen Kontext einordnen zu können, ist daran zu erinnern, dass sie dem heutigen Musikverständnis und heutigen Untersuchungsmethoden geschuldet ist, um in die Vielfalt der musikalischen Erscheinungsbilder eine Ordnung zu bringen und die Phänomene systematisch untersuchen zu können. Im Mittelalter war wegen fehlender Messmethoden und angesichts der damals nicht konstanten Arbeitsbedingungen, unter denen Glocken hergestellt wurden, eine zielgerichtete Entwicklung auf einen bestimmten Klangaufbau hin nicht möglich. Im Vordergrund stand die gehörmäßig klar fixierbare Tonhöhe (Schlagton) der Glocke. Nachdem die vielfältigen Formvarianten in der „Übergangsphase" mit der gotischen Rippe zu einer sol-

Glocke Netze		Fulda Halbosanna		Regensburg, Alte Kapelle
Gewicht	~400 kg	Gewicht	~2000 kg	~1400 kg
Durchmesser	823 / 825 mm	Durchmesser	1355 / 1353 mm	1215 / 1217 mm
Schlagring	64 / 66,5 / 68 mm	Schlagring	112 mm	85 mm
schräge Höhe		schräge Höhe	1100 mm	950 mm
Höhe o. Krone	721 mm	Höhe o. Krone	1190 mm	1044 mm
ungefähre Tonhöhe	~a^1 / b^1	**Schlagton**	$e^1 + 9$	$fis^1 - 5$
Unterton	$f^0 - 1$	Unterton	$d^0 + 4$	$fis^0 - 5$
1. Teilton	$b^1 + 3$	Prime	$f^1 - 1$	$fis^1 + 1,5$
2. Teilton	$des^2 + 5 / + 7$※	Terz	$g^1 + 3$	$a^1 + 7$
3. Teilton	$d^2 + 5,5$	Quinte	$a^1 + 8+$	$h^1 + 10,5$
4. Teilton	$as^2 - 3-$	Oktave	$e^2 + 9$	$fis^2 - 5$
5. Teilton	$a^2 + 7 (-)$	None	$fis^2 + 5 / +10$	
6. Teilton	$d^3 - 5 -$		$h^2 + 1$	
7. Teilton	$d^3 + 8$	Duodezime	$h^2 + 5+$	$cis^3 - 9$
			$cis^3 + 7$	
Doppeloktave			$e^3 + 12$	

Bezugston: a1 = 435 Hz; Abweichungen in 16tel Halbton. Aufnahme: August 1987, Sommer 1989 / 30.7.2001 / 21.8.2015. C. Peter. ✻ Das Gewicht beider Glocken kann nur vage abgeschätzt werden, da beide bisher nicht gewogen wurden, auch nicht als im Zuge des Umhängens Gelegenheit dazu bestand. ✻✻ Teilton gespalten.

chen Glocke gelangt waren und Glocken in eine melodische Ordnung gebracht werden konnten, blieb deren Klangtyp bis heute verbindlich.

Zur Datierung der Netzer Glocke

Vor dem Hintergrund des Fehlens der originalen Krone und anderer datierungsfähiger Gestaltungsmittel wie etwa einer Inschrift fällt es schwer, die Glocke in dem breiten formalen Spektrum dieser Übergangsepoche zu verorten. Man wird aber trotz Fehlens wichtiger Datierungskriterien nicht fehlgehen, sie in die zweite Hälfte des 12. Jahrhunderts zu datieren. Ist sie als mutmaßlich einst größte Glocke der Kirche ohnehin nicht in den Kontext eines Klosters mit strengen Ordensregeln zu stellen, so kommt dieser Datierungsansatz auch deutlich vor der Gründung des Netzer Konvents zu liegen. Diese erfolgte nämlich erst 1228.

Nun wissen wir, dass sich bestimmte Form-, Klang und Gestaltungsmerkmale von Glocken aus unterschiedlichen Gründen auch noch bis in Zeiten gehalten haben, in denen sie längst veraltet waren. Damit ist eine Datierung der Netzer Glocke in die Zeit der Klostergründung 1228 nicht definitiv auszuschließen. Wie prägnant dieses Phänomen der „Verspätung", das man gern mit Rückständigkeit oder Unfähigkeit der Gießer abtun möchte, zu Tage tritt, zeigt das Beispiel folgender Glocken: Während die Glocken von 1200 in St. Martin am Ybbsfeld (Niederösterreich),[26] von 1209 in Randegg am Bodensee (Abb. 6) und von 1247 in der Alten Kapelle in Regensburg[27] sich voll entwickelt in der uns geläufigen Form zeigen, entstanden 1234 für das Kloster Helfta und 1249 für St. Burkard zu Würzburg[28] Glocken ausgesprochen rückständiger Form. Man könnte sie gut und gern früher ansetzen, trügen sie nicht beide eine eindeutig lesbare Datierung. Dieser gar nicht so selten anzutreffende Rückgriff auf frühere Formen noch in späterer Zeit, dürfte im Bestreben begründet sein, den Klang zu Schaden gekommener Glocken in den neu zu gießenden fortleben zu lassen, was angesichts des überwiegend praktizierten Einzelgebrauchs der Glocken im Vollzug der Liturgie und der damit zusammenhängenden Notwendigkeit den Klang der Glocken wiedererkennen zu können, durchaus plausibel erscheint, und in Zeiten, aus denen es vermehrt schriftliche Quellen gibt, auch expressis verbis nachzuweisen ist.

Welche Glocke war nun diejenige des Klosters? Da die tägliche Liturgie (Stundengebet) einen relativ häufigen Einsatz der Glocke(n) erforderte, dienten dazu vorzugsweise kleinere, leicht zu bedienende Glocken. Es hat daher einiges für sich, die einstige Glocke des Klosters unter dem kleinsten der oben erwähnten Glockenjoche zu vermuten. Vielleicht treten eines Tages Quellen zutage, auf deren Basis die derzeit offenen Fragen zu klären und die ehrwürdige alte Glocke in den geschichtlichen Kontext gestellt werden kann, dem sie derzeit nur spekulativ zuzuordnen ist.

*

Es gibt allen widrigen Zeitläufen zum Trotz, landauf landab eine immer noch stattliche Reihe erhaltener Glocken in Übergangsform. Deutlich ältere Glocken als diese aber hängen beispielsweise im Augsburger Dom, in Bad Hersfeld (beide 11. Jahrhundert), in Odenthal bei Köln[29] und in einigen Orten Mitteldeutschlands. Somit kann die Netzer Glocke nicht, wie allenthalben zu lesen ist, als eine der ältesten Deutschlands herhalten. Ihrem enormen Wert als Kunst- und Musikdenkmal tut das jedoch keinerlei Abbruch.

8   Glocke zu Netze, Schlagringbereich. Die wie ein Riss aussehende Linie und die Erhebungen gehen auf einen Riss im Formmantel zurück (Foto Claus Peter)

9   Glocke zu Netze, Ansicht von innen mit deutlichen Spuren des Abdrehens des Formmaterials auf dem Kern (Foto Claus Peter)

10 Ansicht der Schärfe. Deutlich sind die Bereiche zu erkennen, an denen flüssiges Metall in die Trennfuge zwischen Mantel und kern eingedrungen ist (Foto Claus Peter)

Anmerkungen

1 Das betrifft z. B. die ehemaligen Stiftskirchen in Borghorst, Metelen oder in Freckenhorst. Näheres zu diesem Thema wird der Beitrag des Vf. für den in Vorbereitung befindlichen vierten Band des westfälischen Klosterbuchs enthalten, der u. a. solche Glockenbestände mit Doppelfunktion berücksichtigt. Diese hatte maßgeblichen Einfluss auf das Schicksal der Glocken auch zur Zeit der Säkularisation.
2 Aus der Abtei Brauweiler ist eine spätmittelalterliche Läuteordnung bekannt (Ex ordinario de pulsibus); Peter Schreiner, Ein Glockenjubiläum in Brauweiter: „Appellor Misericoria – Ich heiße Barmherzigkeit", zur ältesten Brauweiler Glocke vom Jahre 1300 und zu weiteren Glocken der ehemaligen Abteikirche in Brauweiler, in: Pulheimer Beiträge zur Geschichte und Heimatkunde 24, Pulheim 2000, S. 71–95, hier S. 79–81; Marcel Albert, Die Gottesdienstordnung der Abtei Brauweiler um 1528, in: Archiv für Liturgiewissenschaft 34 (1992), S. 345–385.
3 Eine punktuelle Ausnahme bilden – um eins von wahrscheinlich nur ganz wenigen Beispielen zu nennen – nur die Statuten, die Abaelard für das Kloster seiner einstigen Geliebten Heloise formulierte, in denen dem Konvent zwei Glocken zugestanden wurden, wie seit 1202 dem männlichen Zweig des Ordens. Vgl. Jens Rüffer, Die Zisterzienser und ihre Klöster, Darmstadt 2008, S. 172.
4 Caeremoniale ff. minorum strictorum observantiae almae provinciae Saxoniae S. Crucis [...], Neuhaus 1706, S. 141–149. Transkription und Übersetzung in: Claus Peter, Glocken, Glockenläuten und Glockengießer, in: Geschichte der sächsischen Franziskanerprovinz, Bd. 5, Kunst von den Anfängen bis zur Gegenwart, hrsg. von Roland Pieper, Paderborn 2012, S. 429–444.
Ders.: Glocken und Glockengießer der Neuzeit, in: ebda. S. 499–506.
5 Ausführlich dargestellt ist die quellenmäßig schwierige Situation von Jens Rüffer 2008 (wie Anm. 3), S. 165–184.
6 Die Jochlängen betragen 1042/935/930/700 mm.
7 Dafür könnte sprechen, dass beide Joche mit einer unbedeutenden Abweichung von 5 mm gleich lang sind.
8 Die Glocke am größten der erhaltenen alten Joche hängend zeigt die Abbildung bei Walter Kramm, Zwei romanische Glocken des Waldecker Landes, in: Hessische Heimat, Organ des Heimatbundes für Kurhessen-Waldeck 3 (1938), S. 23f.
9 Dieses und das Folgende nach den Altakten der Glockengießerei Gebrüder Rincker. Herrn Glockengießer Hans Martin Rincker sei an dieser Stelle für die umfassende Auskunft herzlich gedankt.
10 Durchmesser 915 mm gem. Gutachten von KMD i.R. Lingemann von 1963 (Fa. Rincker, Altakten).
11 Schlagton g1 + 2,5 bzw. d2 + 5; Ø 988 bzw. 752 mm.
12 Kramm 1938 (wie Anm. 8).
13 Hierzu u. a.: Heinrich Otte, Glockenkunde, Leipzig 1884, S. 1–8; Karl Walter, Glockenkunde, Regensburg 1913, S. 3–40; Albert Schmidt, Die Glocke, ihre Geschichte und heutige Bedeutung, in: Glocken in Geschichte und Gegenwart, Bd. I, Karlsruhe 1986, S. 11–19; Kurt Kramer, Friede sei ihr erst Geläute – Von den Anfängen der Glocke, ihrer Übernahme durch das frühe Christentum und ihrer kulturgeschichtlichen Reise durch Europa, in: Friede sei ihr erst Geläute. Die Glocke Kulturgut und Klangdenkmal, Arbeitsheft 18 des Landesdenkmalamtes Baden-Württemberg, Stuttgart 2004, S. 9–102, hier bes. S. 33–80.
14 Hans Drescher, Glockenfunde aus Haithabu, in: Berichte über die Ausgrabungen in Haithabu, Bericht 19, hrsg. von Kurt Schietzel, Neumünster 1984, S. 9–62.
15 Johann Michael Kratz, Historische Nachrichten über die Glocken im Dome zu Hildesheim, in: Zeitschrift des historischen Vereins für Niedersachsen 1865, S. 357–396.
16 U. a. in Elsdorf, Roßlau, Lutter a. Barenbge., Theißen, Merseburg, Groß Kühnau.
17 Claus Peter, Die Glockenlandschaft der Harzregion, in: Adolf Siebrecht (Hrsg.), Geschichte und Kultur des Bistums Halberstadt, Halberstadt 2006, S. 371–384.
18 Z. B. Audorf bei Bremen, in Eicklingen bei Celle oder im Würzburger Dom (letztere 1945 +).
19 Erhard Brepohl, Theophilus Presbyter und die mittelalterliche Goldschmiedekunst, Leipzig 1987, S. 256–262.
20 Die Inschrift der solcherart geformten Glocke in Gilching (Oberbayern) nennt den zwischen 1162 und 1194 mehrfach erwähnten Priester der Gilchinger Kirche, der sie hat gießen lassen (ARNOLDUS SACERDOS DE GILTEKIN ME FUNDI FECIT); Walter 1913 (wie Anm. 13), S. 35, 101, 160, 680.
21 Die Glocke wurde laut Inschrift unter Abt Hebroinus (reg. ca. 1140–1155) gegossen; vgl. Paul Clemen (Hrsg.), Die Kunstdenkmäler der Städte und Kreise Gladbach und Krefeld (Die Kunstdenkmäler der Rheinprovinz 3,4), Düsseldorf 1896, S. 37. Eine Datierungshilfe gibt es auch für zwei Glocken des Doms zu Bardowick in bienenkorbähnlicher Übergangsform. Hier ist der Brand des Doms 1195 als terminus post quem in Betracht zu ziehen.
22 Durchmesser 1355 mm; Schlagton e1 + 9.
23 So laut einem Bericht eines früheren Vertreters der Firma Rincker etwa um 1960 (Altakten der Firma Rincker).
24 Kramm 1938 (wie Anm. 8).
25 Einen Teilton an dieser Stelle hat auch die Netzer Glocke, doch wird er nicht als Terz gehört, da ein fixierbarer Schlagtoneindruck (Residualton) nicht vorhanden ist.
26 Abbildung in Andreas Weißenbäck, Josef Pfundner, Tönendes Erz, Graz u. a. 1961, Abb. 31, 55.
27 Abbildungen in: Claus Peter: Ein (fast) unbekanntes Glockenpaar des 13. Jahrhunderts in der Alten Kapelle zu Regensburg und drei (fast) vergessene Glocken in der Mark Brandenburg, in: Jahrbuch für Glockenkunde 17/18 (2005/2006), S. 17f.
28 Abbildungen in: Claus Peter, Glocken, Geläute und Turmuhren in Bamberg, Bamberg 2008, S. 53, Abb. 23, 24.
29 Diese Glocke konnte bisher noch nicht eingehend untersucht werden; der Form nach aber dürfte sie spätestens am Anfang des „Übergangszeitalters" entstanden sein.

Die Grabkapelle St. Nikolaus als Begräbnis der Grafen von Waldeck

Inga Brinkmann

Die Grabkapelle St. Nikolaus, die sich südlich an das Schiff der ehemaligen Zisterzienserinnenkirche zu Netze anschließt, diente den Grafen von Waldeck etwa von der Zeit um 1300 bis zum 17. Jahrhundert als Begräbnisort und beherbergt noch heute eine Anzahl von figürlichen Grabdenkmälern und einfacher gestalteten Grabplatten aus den unterschiedlichen Phasen ihrer Nutzung.[1] Nach mehreren Umgestaltungen im Laufe der Jahrhunderte und möglicherweise auch dem ein oder anderen Verlust präsentiert sich der Bestand heute folgendermaßen: Im westlichen Teil der zweijochigen Kapelle befinden sich die ältesten Monumente (Tf. 7). Diejenigen, die üblicherweise Graf Otto I. (†1306) und den Gräfinnen Mathilde (†1357) und Margarethe (†1381) zugeordnet werden (Abb. 1 und 2), liegen seit Restaurierungsmaßnahmen in den 1970er Jahren auf steinernen Unterbauten.[2] Das Denkmal Graf Heinrichs IV. (†1344) hingegen steht aufgerichtet in der Mitte der Westwand. Den östlichen Teil der Kapelle nehmen die jüngeren Monumente ein (Abb. 3): im Norden neben dem Durchgang zum Kirchenschiff befindet sich das Wanddenkmal Graf Philipps IV. (†1574) (Tf. 9), an der Ostwand diejenigen für Graf Daniel (†1574) und Gräfin Barbara (†1597) (Tf. 10). Darüber hinaus sind verschiedene mit Wappen und Inschriften versehene

1   Grabmonument Graf Ottos I. von Waldeck (†1306), historische Aufnahme, vor 1939 (Foto Bildarchiv Foto Marburg)

Grabplatten aus dem 16. und 17. Jahrhundert in den Fußboden eingelassen oder aber an den Wänden aufgerichtet.

Der aktuelle Zustand ist das Ergebnis verschiedener im Laufe der Jahrhunderte vorgenommener Veränderungen: Nach der Ein-

2 Grabmonumente der Gräfinnen Mathilde (†1357) und Margarethe (†1381) von Waldeck (Foto Bildarchiv Foto Marburg)

3 Grabmonument Heinrichs IV. von Waldeck (†1344) (Foto Bildarchiv Foto Marburg)

richtung der zunächst einjochigen Kapelle etwa um 1300 oder einige wenige Jahrzehnte zuvor erfolgten verschiedene bauliche Veränderungen, die sich wohl jeweils auch auf die Ausstattung auswirkten:[3] Wahrscheinlich in den 1380er Jahren wurde eine Vergrößerung des Kapellenraumes um das westliche Joch vorgenommen – anscheinend um zusätzlichen Platz für Grabstellen und -monumente zu gewinnen. Eine zweite Umgestaltung lässt sich im letzten Viertel des 16. Jahrhunderts, etwa ab 1575, nachweisen: Man schuf Balkone von denen heute lediglich die Brüstungen in Renaissanceformen erhalten sind, und errichtete u.a. die monumentalen Wanddenkmäler an der Ostwand. Teile der vorhandenen Ausstattung wurden hierbei mutmaßlich umgesetzt bzw. entfernt. 1638 schließlich erfolgte die Einrichtung einer unterirdischen Gruft, was erneut zur Versetzung, teilweise wohl sogar zur Zerstörung von Grabdenkmälern und Grabplatten führte. Eine letzte Veränderung der Anordnung der Grabdenkmäler erfolgte im Zuge von Restaurierungsmaßnahmen in den 1970er Jahren, auf welche die heutige Gestalt der Kapellenausstattung zurückgeht.[4]

Bereits bei der Stiftung des Konvents im Jahr 1228 könnte die Zisterzienserinnenkirche zu Netze als Begräbnisstätte der Grafen von Waldeck vorgesehen gewesen sein, bildeten Bestattung und Totengedächtnis doch zentrale Funktionen adeliger Hausklöster.[5] Nachrichten oder Artefakte aus jener Zeit, die in den Kontext des Totengedächtnisses einzuordnen wären, fehlen allerdings. Auch das genaue Entstehungsdatum der Nikolauskapelle liegt im

Dunkeln, doch weisen Anfang der 1990er Jahre erhobene Grabungsbefunde in die zweite Hälfte des 13. Jahrhunderts.[6] Die erste urkundliche Erwähnung datiert in das Jahr 1312, als Bischof Dietrich von Paderborn einen Ablass für die Personen gewährt, die für das Seelenheil des in der Nikolauskapelle begrabenen Grafen Otto I. (†1306) beten.[7] Ob sich schon frühere archivalische Nachrichten auf die Kapelle beziehen lassen, ist ungewiss: Etwa stiftete Gräfin Mechthild 1267 gemeinsam mit ihren Söhnen Seelenmessen für ihren in demselben Jahr verstorbenen und zu Netze bestatteten Ehemann, den Grafen Heinrich III.[8] Auch starb 1270 mit Adolf I. der Stifter der Zisterzienserinnenabtei, so dass in jener Phase zumindest das Erfordernis eines Familienbegräbnisses deutlich zu Tage getreten sein dürfte. Grabdenkmäler sind für diese beiden Grafen allerdings nicht erhalten und auch der genaue Bestattungsort innerhalb der Kirche ist unklar – käme doch zumindest für den Stifter traditionell auch der Bereich vor dem Hochaltar oder aber das Langhaus in Frage.[9] Die Erweiterung der Kapelle um das zweite, westliche Joch erfolgte wohl in den 1380er Jahren, worauf 1385 und 1388 getätigte Stiftungen Gräfin Elisabeths, Witwe Ottos II., und Graf Heinrichs den Eisernen hindeuten.[10]

Die vier aus dem 14. Jahrhundert erhaltenen Denkmäler präsentieren die Verstorbenen jeweils in ganzer Figur (Abb. 1, 2 und 3).[11] Die Kissen unter den Häuptern zeigen eine liegende Haltung an, die mit der ursprünglichen horizontalen Positionierung der Platten korrespondierte: Diejenigen für Heinrich IV. und die beiden Gräfinnen dürften ehemals den oberen Abschluss einer Tumba gebildet haben. Die zugehörigen Unterbauten gingen vermutlich bei den Umgestaltungen der Kapelle im 16. oder 17. Jahrhundert verloren; über ihre Gestaltung lassen sich keine konkreten Aussagen mehr treffen. Einzig die Löwenfiguren, die heute die modernen Plattensockel zieren, könnten ehemals Bestandteile der abgegangenen Tumben gebildet haben. Man fand diese Skulpturen bei den Restaurierungsarbeiten in den 1970er Jahren im Erdreich unter der Kapelle, wo sie vermutlich bei Anlage der Gruft 1638 vergraben wurden.[12] Das Graf Otto I. zugewiesene Monument hingegen könnte als Grabplatte direkt in den Boden eingelassen gewesen sein, worauf die spezifische Gestaltung des Reliefs hinweist: Die Figur ist in die Platte eingetieft, keinerlei Details erheben sich über die schlichte Rahmenleiste, die bündig mit dem Fußboden abgeschlossen haben dürfte.[13] Die Figuren der Verstorbenen werden jeweils in architektonischen Rahmungen präsentiert, die von einem einfachen Kielbogen im Falle Ottos I. über dreipassförmige Maßwerkbekrönungen bei den beiden Gräfinnen bis hin zu einem aufwendigen, stark dreidimensional ausgearbeiteten Baldachin am Monument Heinrichs IV. reichen. Die männlichen Figuren tragen jeweils Schwerter als Standesattribute; der mutmaßliche Graf Otto I. ist zusätzlich mit einem Schild mit dem Waldecker Stern ausgestattet. Die üblicherweise als Mathilde identifizierte Gräfin hält in ihrer rechten Hand einen nur als Fragment erhaltenen Gegenstand, der wohl als Buch aufzufassen ist, während Heinrich IV. und die wohl Margarete repräsentierende Figur ihre Hände vor der Brust zum Gebet gefaltet haben. Die Füße aller Dargestellten ruhen auf jeweils einer bzw. zwei mehr oder weniger beschädigten Tierfiguren: Im Falle von Otto und Margarete handelt es sich um Hunde, bei Heinrich IV. und Mathilde um Löwen. Das Monument Graf Ottos I. zeigt in den Zwickeln oberhalb des Kielbogens zusätzlich zwei halbfigurige, Weihrauchfässer schwenkende Engel.[14]

Eine lateinische Inschrift ist nur am Denkmal Heinrichs IV. erhalten. Sie befindet sich auf dem seitlichen Rahmen. Die Jahreszahl ist abgeschlagen, kann aber ergänzt werden, da sein Sterbejahr auch aus anderen Quellen bekannt ist.¹⁵ Vergleichbare Totengedächtnisinschriften dürften ursprünglich auch an den anderen drei Platten vorhanden gewesen sein, denn, da die Identifizierbarkeit des mit einem Grabmonument geehrten Verstorbenen im Rahmen von Totenmemoria und Gebetsgedächtnis ein durchaus wichtiges Anliegen bildete, wurden üblicherweise wenigstens Name, Titel und Todesdatum inschriftlich genannt.¹⁶ Das Fehlen entsprechender Grabschriften an dreien der Netzer Monumente mag den wiederholten Veränderungen der Nikolauskapelle und dem Umsetzen der Grabmäler geschuldet sein und erschwert die genaue Zuordnung zu einzelnen Mitgliedern der Waldecker Grafenfamilie. Die Ausstattung der Nikolauskapelle umfasste neben den Grabdenkmälern auch einen Altar zur Feier von Seelenmessen, der vermutlich an der Ostwand errichtet war und über dessen eventuellen Schmuck nichts bekannt ist. Den Altardienst verrichtete mindestens seit 1385 ein eigens dafür angestellter, vom Zisterzienserinnenkonvent unabhängiger Priester, wie Dokumente über die von Gräfin Elisabeth vorgenommene finanzielle und rechtliche Ausstattung dieser Priesterstelle bezeugen.¹⁷ Darüber hinaus verfügte die Nikolauskapelle im oberen Teil der Nordwand über Durchbrüche, die eine Verbindung zur Nonnenempore in den beiden westlichen Jochen des Langhauses herstellten (Tf. 8).¹⁸ Die damit geschaffene Einsehbarkeit des gräflichen Begräbnisses dürfte im Kontext des von den Nonnen gepflegten Gebetsgedächtnisses zur Totensorge zu verstehen sein.

Will man den Ausbau der Netzer Grablege und die gewählten Formen des Grabmonuments in die Traditionslinien des 14. Jahrhunderts einordnen, bietet sich ein Blick auf die Begräbnisse zweier mit den Waldecker Grafen in engen verwandtschaftlichen Beziehungen stehenden Adelsfamilien an: Geeignet erscheinen die Grablege der Landgrafen von Hessen in der Marburger Elisabethkirche – denn neben der territorialen Nachbarschaft hatte Graf Otto I. mit Sophie von Hessen eine Tochter des Landgrafen Heinrichs I. geehelicht –¹⁹ sowie das Begräbnis der Grafen von Berg in der Zisterzienserabteikirche Altenberg. Elisabeth von Berg zeichnete als Ehegattin von Heinrich VI. von Waldeck, genannt der Eiserne (†1397), verantwortlich für die finanzielle Ausstattung der oben erwähnten Priesterstelle an der Waldecker Grablege im Jahr 1385 und dürfte auch in die gleichzeitige bauliche Erweiterung Kapelle involviert gewesen sein.²⁰ Ebenso wie in Netze erfolgte sowohl in Marburg als auch in Altenberg im Verlauf des 14. Jahrhunderts ein konsequenter Ausbau der Grablege unter Errichtung von monumentalen Hochgräbern. Nach Fertigstellung des Südchors der Elisabethkirche – der dortige Johannesaltar wurde im Jahr 1257 geweiht – wurde vermutlich das Grabmonument des bereits 1240 verstorbenen Konrad von Thüringen ebenso wie dessen sterbliche Überreste dorthin überführt.²¹ Ab Beginn des 14. Jahrhunderts diente dieser Bereich als zentrale Grablege des zu diesem Zeitpunkt noch jungen Landgrafenhauses. Ganz ähnlich begannen die Grafen von Berg in der ersten Hälfte des 14. Jahrhunderts den kurz zuvor fertiggestellten Chor der Abteikirche Altenberg als Begräbnis zu nutzen.²² Zwar hatten einige Mitglieder der Grafenfamilie bereits im Nordquerhaus des romanischen Vorgängerbaus ihre letzte Ruhestätte gefunden, doch setzte ein Ausbau zur repräsentativen Grablege erst nach dem Tod Wilhelms I. im Jahr 1308 ein.²³ Auch hinsichtlich der verwendeten Formen des Grabmonuments lassen sich Parallelen zwischen den Grablegen der Grafen von Waldeck, den Landgrafen von Hessen und den Grafen von Berg ausmachen: So gelangten in Marburg und Altenberg während des 14. Jahrhunderts ebenfalls vorwiegend Tumbengrabmäler zur Aufstellung, die den oder die Verstorbenen jeweils als Liegefiguren zeigen.

Besonders interessant erscheint ein Vergleich zwischen dem Monument Graf Heinrichs IV. von Waldeck und demjenigen seines Großvaters Landgraf Heinrichs I. von Hessen, der trotz Unterschieden in der Ausführung eine enge Verbindung augenfällig werden lässt (Abb. 3 und 4):[24] Beide Grabbildnisse weisen ähnliche Köperhaltungen auf, sind unter ausladenden Baldachinen platziert und stützen ihre Füße auf Löwen. Einzig die je zwei Engel- und Mönchsfiguren, die Heinrich I. begleiten, fehlen am Grabmal des Waldeckers. Der Unterbau des Marburger Monuments weist umlaufend eine offene Bogenstellung auf, wobei jeweils zwei Arkaden an den Ecken geschlossen und mit Figuren von Trauernden versehen sind. Ob der verlorene Sockel des Grabdenkmals für Graf Heinrich IV. vergleichbar gestaltet war, lässt sich allerdings nicht ermitteln.

Die Einführung der Reformation in den 1520er Jahren bewirkte zunächst gravierende Veränderungen hinsichtlich der Form des Totengedächtnisses: Aufgrund der lutherischen Vorstellung, das Seelenheil eines Verstorbenen sei durch keinerlei Handlungen der Lebenden zu beeinflussen, wurden liturgische Memoria und Seelenmessen eingestellt.[25] Was die Gestaltung der Nikolauskapelle betrifft, lassen sich erst in den 1570er Jahren Maßnahmen feststellen. Den Anstoß gaben anscheinend Tod und Begräbnis desjenigen Grafen, der die Reformation in Waldeck eingeführt hatte, nämlich Philipps IV. († 1574) (Tf. 9).[26] Als Akteure traten dabei besonders der Sohn und Nachfolger des Verstorbenen, Daniel, sowie seine Ehegattin Barbara in den Vordergrund. Zunächst ließ Graf Daniel gemeinsam mit seinem Bruder Heinrich ein monumentales Wanddenkmal für den verstorbenen Philipp an der Nordwand der Kapelle errichten, welches durch den Bildhauer Andreas Herber aus Kassel ausgeführt wurde.[27] Es zeigt im Hauptgeschoss im Relief die gerüstete Figur des Verstorbenen, die sich in betender Haltung

4   Grabmonument Landgraf Heinrichs I. von Hessen († 1308), Elisabethkirche Marburg (Foto Bildarchiv Foto Marburg)

Gottvater zuwendet, welcher rechts oben in einer Wolke erscheint. Der Sockel trägt neben der Signatur des Künstlers eine Rollwerkkartusche mit dem lateinischen Bibelvers Johannes 6,40. Das Aufsatzgeschoss hingegen ist mit der eigentlichen Totengedächtnisinschrift versehen, die

Die Grabkapelle St. Nikolaus als Begräbnis der Grafen von Waldeck

Namen, Titel und Todesdatum des Verstorbenen nennt und zusätzlich den Grafen Daniel und seinen Bruder als Erbauer des Denkmals aufführt.[28] In der Ädikula darüber befinden sich die Wappen von Waldeck und Ostfriesland – letzteres von der ersten Gemahlin Graf Philipps herzuleiten –, die zusammen mit den jeweils sieben Wappenschilden auf den Seitenachsen des Monuments zu lesen sind.[29] Dabei handelt es sich um eine Ahnenprobe, die die adelige Abstammung des Verstorbenen mehrere Generationen zurück nachweist.[30] Die Grabstätte Philipps befand sich unmittelbar vor dem Wanddenkmal und war bis zu den Restaurierungen der 1970er Jahre mit einer in den Boden eingelassenen Grabplatte gekennzeichnet.[31] In etwa zeitlich parallel zur Errichtung des Wanddenkmals für Philipp IV. ließen Graf Daniel und seine Ehegattin Barbara die im oberen Teil der Nordwand gelegenen Öffnungen zwischen Grabkapelle und ehemaliger Nonnenempore neu gestalten, wovon sich heute lediglich zwei steinerne Brüstungen erhalten haben (Tf. 8).[32] Diese tragen die Daten 1575 (rechts über dem Kapelleneingang) und 1576, die Signatur des ausführenden Künstlers Andreas Herber sowie die Monogramme Daniels und Barbaras von Waldeck.[33] Jene Empore diente der gräflichen Familie mutmaßlich als Ort, von dem aus Feierlichkeiten in der Kapelle verfolgt werden konnten.[34]

Bereits 1577 starb Graf Daniel, weshalb seine Witwe Barbara noch im gleichen Jahr ein weiteres monumentales Wanddenkmal, wiederum durch die Hand des Kasseler Bildhauers Andreas Herber errichten ließ (Tf. 10).[35] Zu dessen Füßen befand sich auch diesmal die durch eine steinerne Grabplatte gekennzeichnete Begräbnisstätte. Spätestens zu diesem Zeitpunkt muss auch der ohnehin nicht mehr genutzte Altar der Nikolauskapelle abgebrochen worden sein. Hinsichtlich formaler Gestaltung und Ikonographie ähnelt das Wanddenkmal Daniels deutlich demjenigen seines Vaters Philipp. Unterschiede bestehen vorwiegend in der stärker ins Dreidimensionale tendierenden Ausarbeitung, was etwa an der architektonischen Rahmung und der nahezu vollplastischen Figur des Grafen erkennbar wird. Zudem richtet der von einem Schriftband mit dem Text „Gott ist meine Zuflucht" umgebene Beter seinen Blick auf einen Kruzifix und ist vor einem Landschaftshintergrund platziert. Im Aufsatzgeschoss ist zusätzlich ein Relief mit der Auferstehung Christi angebracht, während die Halbfigur Gottvaters aus dem Giebelfeld herauszuschauen scheint. Eine 16-fache Ahnenprobe flankiert Sockel und Hauptgeschoss.[36] Im Aufsatz befindet sich die nun recht ausführliche, gereimte Totengedächtnisinschrift.[37] Die Inschriftentafel am Unterbau ist mit dem Bibelspruch Hiob 19,25–27 versehen und nennt Gräfin Barbara als Erbauerin des Monuments.[38] Ob die Gräfin auch für die Errichtung ihres eigenen Wanddenkmals, rechts neben demjenigen ihres Gatten, verantwortlich zeichnete, ist nicht belegt – Datierung und Auftraggeber sind hier nicht inschriftlich vermerkt (Tf. 10).[39] Das Monument folgt im Aufbau weitgehend dem zuvor besprochenen Beispiel, zeigt die Gräfin allerdings als Standfigur und verzichtet auf Reliefs mit christlichen Szenen. Denkbar wäre die Auftraggeberschaft Barbaras durchaus: Die Platzierung des Daniel-Monuments am linken Teil der Kapellenostwand deutet daraufhin, dass ein zweites rechts daneben von vornherein geplant war. Die Zuweisung jenes Platzes an die Gräfin führt dabei zu einer äußerst prominenten Inszenierung des Ehepaars, die möglicherweise gewünscht war: Die an gestalterischem Aufwand und Monumentalität herausragenden Denkmäler nehmen einen besonders prominenten Platz in der Kapelle ein und sind zudem von den Balkonen aus gut einsehbar. Selbst die Emporenbrüstungen tragen die Monogramme des Grafenehepaars.

Darüber hinaus ist die Neuausstattung der Nikolauskapelle im Zusammenhang mit

5   Grabmonument Graf Franz III. von Waldeck (†1597), Stadtkirche Mengeringhausen, Andreas Herber (Foto Bildarchiv Foto Marburg)

6   Grabmonument Graf Samuels von Waldeck (†1570), ca. 1579, Andreas Herber und Georg von der Tann (Foto Bildarchiv Foto Marburg)

Grablegen anderer Linien des Waldecker Grafenhauses zu sehen, die in jener Zeit auf ganz ähnliche Formen des Grabdenkmals und der Selbstdarstellung im Kirchenraum zurückgriffen: So hatte etwa die Landauer Nebenlinie in der zweiten Hälfte des 16. Jahrhunderts den Chor der Pfarrkirche in Mengeringhausen zu ihrer Grablege ausgebaut und sukzessive mit vergleichbaren monumentalen Wanddenkmälern ausgestattet.⁴⁰ Dort entstanden zunächst die beiden Monumente für den Grafen Johann (†1567) und seine Ehefrau Anna (†1590), die 1572 in Auftrag gegeben wurden.⁴¹ Die stark dem Relief verhafteten Darstellungen zeigen die Verstorbenen als Standfiguren in dreigeschossiger, architektonischer Rahmung begleitet von Wappenreihen und Inschriftentafeln und sind in gewissem Maße dem Wanddenkmal Philipps IV. in der Nikolauskapelle vergleichbar. Das um 1600 wohl ursprünglich ebenfalls im Chor errichtete Monument für Graf Franz III. (†1597) hingegen entspricht in architektonischem Aufbau, Monumentalität und Detailreichtum eher den Wanddenkmälern für Daniel und Barbara in Netze (Abb. 5).⁴² Gleiches gilt für das Grabmal Graf Samuels (†1570) in der Wildunger Stadtkirche, welches vermutlich 1579 fertiggestellt wurde und ehemals an der Südwand des Chores aufgerichtet war (Abb. 6).⁴³ Die zu beobachtenden Formen des Wanddenkmals, so kann zusammengefasst werden, sind gekennzeichnet durch die Verwendung von nahezu lebensgroßen, teilweise vollplastischen Figuren der Verstorbenen in monumentaler, mehrgeschossiger architektonischer Rahmung und die Anbringung von mehr oder weniger umfangreichen Wappenreihen. Die festzustellenden Ähnlichkeiten sind nicht nur dem Einfluss des an mehreren Monumenten beteiligten Künstlers Andreas Herber und den verwandtschaftlichen Beziehungen der Verstorbenen und Auftraggeber untereinander geschuldet, vielmehr handelt es sich um eine Form der Grabdenkmale, die etwa ab 1570 praktisch reichsweit in den Kreisen des lutherischen landsässigen und reichsunmittelbaren Adels Verbreitung fanden.[44] Dabei zielte man anscheinend besonders auf eine für jedermann sichtbare Visualisierung der jeweiligen Person und ihrer Abstammung im Kirchenraum. Entsprechende Grabmonumente finden sich deshalb besonders häufig in den Chören residenzstädtischer Pfarrkirchen, die sowohl von Untertanen als auch von fremden Besuchern frequentiert waren.

In wie weit der mittelalterliche Bestand an Grabdenkmälern und Grabplatten der Nikolauskapelle von den Umgestaltungen des späten 16. Jahrhunderts berührt war, lässt sich heute nicht mehr feststellen. Ganz sicher aber kam es zu Umsetzungen und teilweise wohl auch zu Verlusten, als Gräfin Elisabeth im Jahr 1638 anlässlich des Todes ihres Ehegatten Christian einen Gruftraum unter dem Fußboden anlegen ließ.[45] Wie bereits erwähnt, fand man bei der Restaurierung in den 1970er Jahren im Erdreich unter der Kapelle vergrabene Löwenfiguren sowie einige weitere nicht näher bezeichnete steinerne Fragmente, die vermutlich von ehemaligen Grabdenkmälern stammen und wohl bei Anlage des Gruftgewölbes dorthin gelangten.[46] Teil dieses Fundes war außerdem eine Bleiplatte mit lateinischer Inschrift, die hier in deutscher Übersetzung wiedergegeben sei: „Als die erlauchte und edle Frau Elisabeth, Gräfin von Nassau hier eine neue Gruft für den erlauchten und hochedlen Herrn Christian, Grafen und Herrn zu Waldeck und Pyrmont und Herrn zu Tonna, ihrem heißgeliebten und hochseligen Gatten, errichtete, fand sie die Grabstätte der beiden seligen Eheleute, nämlich des berühmten und seligen Grafen und Herrn Daniel und seiner hochedlen Fürstin, in beiden Fällen durch Verwesung zerstört und die Gebeine verstreut. Diese ließ sie gnädigst am 3. Februar 1638 zur Ehre der Familie und der Auferstehung hier an dieser neuen Stelle beisetzen."[47] Die Anlage des Gruftgewölbes stellte also einen gravierenden Eingriff dar, von dem vermutlich der gesamte Kapellenboden betroffen war und der den Bestand an Grabmälern am nachhaltigsten verändert haben dürfte. Hinsichtlich der Bestattungen markiert das Jahr 1638 die Abkehr von den seit der Zeit um 1300 gepflegten Einzelbestattungen in Bodengräbern eben zugunsten einer Beisetzung in einem Gruftgewölbe. Sichtbare Hinweise auf die betreffenden Personen lieferten nun einzig noch verhältnismäßig schlichte Inschriftenplatten, die man in den Fußboden einließ.

Anmerkungen

1 Zur Nikolauskapelle als Grablege der Grafen von Waldelck siehe Oliver Meys, Memoria und Bekenntnis. Die Grabdenkmäler evangelischer Landesherren im Heiligen Römischen Reich Deutscher Nation im Zeitalter der Konfessionalisierung, Regensburg 2009, S. 594–597; Handbuch der deutschen Kunstdenkmäler, Hessen I: Regierungsbezirke Gießen und Kassel, bearb. von Folkhard Cremer, Tobias Michael Wolf u.a., München 2008, S. 676f.; Herbert Baum, Die Grabkapelle der waldeckischen Grafen in Netze, in: Geschichtsblätter für Waldeck 66 (1977), S. 186–194; Die Bau- und Kunstdenkmäler des Landes Hessen Regierungsbezirk Kassel, Bd. 4: Der Kreis der Eder, bearb. von Gottfried Ganssauge, Walter Kramm und Wolfgang Medding, Korbach 1960, S. 237–252; Heinrich Nebelsieck, Die Grabkapelle der waldeckischen Grafen in Netze, in: Geschichtsblätter für Waldeck und Pyrmont 19/20 (1921), S.81–96.

2 Zur Restaurierung der Kapelle in den 1970er Jahren siehe Baum 1977 (wie Anm. 1). Da an den genannten Denkmälern jegliche Inschriften fehlen, ist eine gesicherte Identifizierung der Verstorbenen nicht möglich. Die heute gebräuchlichen Zuordnungen erfolgen soweit erkennbar erstmalig im Denkmälerinventar BKD Kreis der Eder 1960 (wie Anm. 1), S. 247–249. Siehe dazu auch unten S. 51.

3 Zu Datierung und Umgestaltungen des Kapellenanbaus siehe Handbuch der deutschen Kunstdenkmäler 2008 (wie Anm. 1), S. 676; BKD Kreis der Eder 1960 (wie Anm. 1), bes. S. 241; Nebelsieck 1921 (wie Anm. 1), bes. S. 81–86. Anfang der 1990er Jahre erhobene Grabungsbefunde deuten auf die Errichtung des östlichen Kapellenjochs bereits in der zweiten Hälfte des 13. Jahrhunderts. Siehe dazu Claudia Mohn, Mittelalterliche Klosteranlagen der Zisterzienserinnen. Architektur der Frauenklöster im Mitteldeutschen Raum, Petersberg 2006, S. 322; Jens Kulick, Ausgrabungen in der Netzer Kirche, in: Land an Eder und Diemel, Korbach 1992, S. 68–69.

4 Baum 1977 (wie Anm. 1).

5 Dies vermutet auch Gabriele Maria Hock, Die westfälischen Zisterzienserinnenklöster im 13. Jahrhundert. Gründungsumstände und frühe Entwicklung (Phil. Diss. Münster 1994), 2004 [http://nbn-resolving.de/urn:nbn:-de:hbz:6-89649371873, Zugriff: Datum Zugriff:06.05.16], S. 503–504.

6 Kulick 1992 (wie Anm. 3).

7 BKD Kreis der Eder 1960 (wie Anm. 1), S. 239 und 241. Nebelsieck 1921 (wie Anm. 1), S. 81, hingegen nennt 1385 als Datum der Ersterwähnung (im Rahmen einer Stiftung Gräfin Elisabeths).

8 BKD Kreis der Eder 1960 (wie Anm. 1.), S. 239.

9 Auch die Beisetzung Adolfs I. in der Netzer Kirche ist urkundlich nicht sicher belegt, kann aber mit Wahrscheinlichkeit angenommen werden, siehe dazu z.B. Baum 1977 (wie Anm. 1), S. 190.

10 BKD Kreis der Eder 1960 (wie Anm. 1), S. 239ff.; Handbuch der deutschen Kunstdenkmäler 2008 (wie Anm. 1), S. 676. Die Grabungsbefunde weisen eher allgemein auf eine Entstehung im 14. Jahrhundert hin. Siehe Kulick 1992 (wie Anm. 3).

11 Zu den Grabmonumenten siehe Handbuch der deutschen Kunstdenkmäler 2008 (wie Anm. 1), S. 677; BKD Kreis der Eder 1960 (wie Anm. 1.), S. 247–249; Nebelsieck 1921 (wie Anm. 1), S. 94–96.

12 Baum 1977 (wie Anm. 1), S. 188.

13 Dies vermutet auch BKD Kreis der Eder 1960 (wie Anm. 1.), S. 247.

14 Wohl als Verweis auf die Verwendung von Weihrauch in der Totenliturgie. Siehe dazu Renate Kroos, Grabbräuche – Grabbilder, in: Karl Schmid und Joachim Wollasch (Hrsg.), Memoria. Der geschichtliche Zeugniswert liturgischen Gedenkens im Mittelalter, München 1984, S. 285–253, bes. S. 307.

15 Abgedruckt in BKD Kreis der Eder 1960 (wie Anm. 1), S. 248.

16 Siehe dazu etwa Otto Gerhard Oexle, Memoria und Memorialbild, in: Karl Schmid und Joachim Wollasch (Hrsg.), Memoria. Der geschichtliche Zeugniswert liturgischen Gedenkens im Mittelalter, München 1984, S. 384–440, S. 387 und passim.

17 Siehe BKD Kreis der Eder 1960 (wie Anm. 1), S. 239. Zum Priester ausführlicher auch Nebelsieck 1921 (wie Anm. 1), S. 81f. und 84.

18 Die Durchbrüche sind heute vermauert; erhalten sind lediglich die Brüstungen in Renaissanceformen. Siehe dazu Meys 2009 (wie Anm. 1), S. 595; Mohn 2006 (wie Anm. 3), S. 322f.; BKD Kreis der Eder 1960 (wie Anm. 1.), S. 245.

19 Johann Adolph Theodor Ludwig Varnhagen, Grundlage der waldeckischen Landes- und Regentengeschichte, Göttingen 1825, bes. S. 348.

20 Varnhagen 1825 (wie Anm. 19), bes. S. 413f.

21 Dazu und zur Grablege im Südchor der Marburger Elisabethkirche insgesamt siehe Margret Lemberg, Die Grablegen des hessischen Fürstenhauses, Marburg 2010, S. 19–61.

22 Zur Altenberger Grablege siehe Manfred Groten, Das Kloster Altenberg als Begräbnis- und Gedenkstätte der Grafen/Herzöge von Berg, in: 1259. Altenberg und die Baukultur im 13. Jahrhundert, hrsg. vom Altenberger Dom-Verein e.V., Regensburg 2010, S. 103–117. vollständige bibliografische Angabe fehlt.

23 Groten 2010 (wie Anm. 22), bes. S. 210.

24 Zu dem Grabmal Landgraf Heinrichs I. siehe Lemberg 2010 (wie Anm. 21), S. 29–33.

25 Victor Schultze, Waldeckische Reformationsgeschichte, Leipzig 1903, S. 89.

26 Zu Philipp IV. und der Einführung der Reformation in Waldeck siehe Schultze 1903 (wie Anm. 25), S. 72–74.

27 Zu dem Monument siehe Meys 2009 (wie Anm. 1), S. 596; BKD Kreis der Eder 1960 (wie Anm. 1.), S. 249f.; Walter Kramm, Andreas Herber und seine Kasseler Bildhauerwerkstatt, Melsungen 1932, S. 21f.; Nebelsieck 1921 (wie Anm. 1), S. 87–89; Johann Adolph Theodor Ludwig Varnhagen, Grundlage der waldeckischen Landes- und Regentengeschichte, zweiter Band, Arolsen 1853, S. 52f.

28 Inschrift vollständig wiedergegeben bei Meys 2009 (wie Anm. 1), S. 596.

29 Wappen aufgeschlüsselt ebd.

30 Zu dem Phänomen allgemein siehe auch Inga Brinkmann, Ahnenproben an Grabdenkmälern des lutherischen Adels im späten 16. und beginnenden 17. Jahrhundert, in: Die Ahnenprobe in der Vormoderne. Selektion – Initiation – Repräsentation, hrsg. von Elizabeth Harding und Michael Hecht, Münster 2011, S. 107–124.

31 Siehe dazu BKD Kreis der Eder 1960 (wie Anm. 1), S. 249; Kramm 1932 (wie Anm. 27), S. 21; Varnhagen 1853 (wie Anm. 27), S.52. Planzeichnungen bei Baum 1977 (wie Anm. 1), S. 192f. Heute ist die Grabplatte am westlichen Ende der Nordwand aufgerichtet.

32 Siehe dazu Nebelsieck 1921 (wie Anm. 1), S. 86; Schultze 1903 (wie Anm. 25), S. 40.

33 Siehe dazu BKD Kreis der Eder 1960 (wie Anm. 1.), S. 245; Kramm 1932 (wie Anm. 27), S. 23f.

34 Dies vermutet etwa Schultze 1903 (wie Anm. 25), S. 40. Die Nonnenempore fungierte möglicherweise als

Herrschaftsstand in der Kirche, von dem aus eine (Sicht-) Verbindung zur Grabkapelle geschaffen wurde. Es wäre zu klären, wie Begräbnisfeiern der Waldecker Grafen abliefen, d.h. ob der Begräbnisgottesdienst in der Kirche zu Netze oder anderswo stattfand und ob die Netzer Kirche ansonsten von der gräflichen Familie zu Gottesdiensten genutzt wurde. Zum Phänomen der Verbindung von Herrschaftsstand und Grablege beim lutherischen Adel z.B. Gotthard Kießling, Die herrschaftliche Inanspruchnahme evangelischer Kirchen an Residenzorten, in: Luth Unbehaun (Hrsg.), Die Künste und das Schloß in der frühen Neuzeit, München Berlin 1998, S. 83–93; ders., Der Herrschaftsstand. Aspekte repräsentativer Gestaltung im evangelischen Kirchenbau, München 1995, bes. S. 204–207.

35 Auftraggeberin und Jahr der Errichtung sind inschriftlich an der Rollwerkkartusche des Sockels genannt, siehe Kramm 1932 (wie Anm. 27), S. 23. Zu dem Monument auch Meys 2009 (wie Anm. 1), S. 596f.; BKD Kreis der Eder 1960 (wie Anm. 1), S. 250; Nebelsieck 1921 (wie Anm. 1), S. 89–92; Varnhagen 1853 (wie Anm. 27), S. 61–63.

36 Wappen aufgeschlüsselt bei Meys 2009 (wie Anm. 1), S. 597.

37 Inschrift vollständig wiedergegeben bei Nebelsieck 1921 (wie Anm. 1), 90f.

38 Inschrift vollständig wiedergegeben bei Nebelslieck 1921 (wie Anm. 1), S. 89, der die Bibelstelle allerdings fälschlicherweise mit Hiob 12 angibt.

39 Zu dem Monument siehe Meys 2009 (wie Anm. 1), S. 597; BKD Kreis der Eder 1960 (wie Anm. 1), S. 250; Nebelsieck 1921 (wie Anm. 1), S. 92–94; Varnhagen 1853 (wie Anm. 27), S. 62f.

40 Zu der Grablege siehe Meys 2009 (wie Anm. 1), S. 583–586; Die Bau- und Kunstdenkmäler im Regierungsbezirk Kassel, Bd. 2: Kreis der Twiste, bearb. von Gottfried Ganssauge, Walter Kramm und Wolfgang Medding, Kassel 1938, S. 178f.; Bathildis von Waldeck und Pyrmont, Drei Denkmäler in der Stadtkirche zu Mengeringhausen; in: Geschichtsblätter für Waldeck und Pyrmont 29/30 (1931), S. 101–106. Zu der „neueren Landauischen Linie" des Waldecker Grafenhauses siehe Varnhagen 1853 (wie Anm. 27), S. 166–185.

41 Zu den Monumenten siehe Meys 2009 (wie Anm. 1), S. 584f.; BKD Kreis der Twiste 1938 (wie Anm. 40), S. 178; Varnhagen 1853 (wie Anm. 27), S. 172–174.

42 Das Monument befindet sich heute im südlichen Seitenschiff. Zu dem Monument siehe Meys 2009 (wie Anm. 1), S. 585f.; BKD Kreis der Twiste 1938 (wie Anm. 40), S. 178f.; Kramm 1932 (wie Anm. 27), S. 36; Varnhagen 1853 (wie Anm. 27), S. 183–185.

43 Zu dem Monument siehe Meys 2009 (wie Anm. 1), S. 811; BKD Kreis der Eder 1960 (wie Anm. 1.), S. 75f.; Varnhagen 1853 (wie Anm. 27), S. 74f.

44 Zu dem Phänomen siehe Inga Brinkmann, Grabdenkmäler, Grablegen und Begräbniswesen des lutherischen Adels. Adelige Funeralrepräsentation im Spannungsfeld von Kontinuität und Wandel, Berlin 2010.

45 Zur Anlage der Gruft siehe Nebelsieck 1921 (wie Anm. 1), S. 85f.

46 Baum 1977 (wie Anm. 1), S. 188.

47 Übersetzung nach Baum 1977 (wie Anm. 1), S. 187.

Das Netzer Retabel – Standort, Funktionen, Publikum

Iris Grötecke

Einführung

In den eher ländlichen Regionen Nord- und Mittelhessens, den angrenzenden Gebieten im östlichen Westfalen, südlichen Niedersachsen und in Thüringen hat sich trotz aller widrigen Umstände eine Anzahl von gemalten und geschnitzten Retabeln aus dem späten Mittelalter erhalten, zu denen auch der Altaraufsatz in der heutigen Pfarrkirche von Waldeck-Netze gehört (Abb. 1 und Tf. 11). Tafeln wie diejenige in der Damenstiftskirche in Wetter bei Marburg (Abb. 5), die Flügel aus dem Franziskanerkloster in Hofgeismar, der Hochaltaraufsatz der Deutschordenskirche (Elisabethkirche) in Marburg, der Flügel aus dem Augustinerinnenstift Merxhausen bei Bad Emstal, das Retabel aus dem Prämonstratenserinnenkloster in Altenberg, dasjenige aus der Pfarrkirche in Friedberg, die Tafel aus dem Zisterzienserinnenkloster in Wormeln (Abb. 3), der Aufsatz der Pfarrkirche in Niederwildungen (Abb. 6), die Flügel in der Pfarrkirche in Rauschenberg, das Retabel aus dem Prämonstratenserinnen-

1 Ehemalige Klosterkirche St. Maria, Einblick in das Südschiff nach Osten (historische Aufnahme 1928), Waldeck-Netze (Foto Bildarchiv Foto Marburg)

kloster Ahnaberg in Kassel, dasjenige in der Pfarrkirche in Waldeck, die Flügel aus der Benediktinerabtei in Bad Hersfeld, der kleine Schrein in der Pfarrkirche von Wildeck-Bosserode oder derjenige in Volkmarsen-Külte sowie die Retabel in den Pfarrkirchen St. Nicolai und St. Kilian in Korbach zeigen zusammen mit weiteren erhaltenen Werken auch heute noch anschaulich, dass von der 2. Hälfte des 13. Jahrhunderts bis ins beginnende 16. Jahrhundert hinein zahlreiche Altaraufsätze für die Kirchen der Region angefertigt worden sind. Im weiteren Umfeld etwa in Erfurt oder in Göttingen, im Münsterland und in Soest existiert ebenfalls noch eine größere Anzahl von Werken, die diese Beobachtung auch für die dortigen Verhältnisse bestätigen kann.[1]

Dieser relativ gute Bestand an erhaltenen Retabeln ist jedoch nicht einer regional besonders intensiven Auftragsvergabe für Kirchenschmuck geschuldet – etwa im Vergleich zu Städten wie Frankfurt, Mainz, Dortmund oder Essen, wo im Verhältnis zur Anzahl der errichteten Kirchen wesentlich weniger mittelalterliche Ausstattungsgegenstände anzutreffen sind – sondern eher der etwas abgelegenen Lage der Orte: Hier sind die mittelalterlichen Kirchen seltener von den Renovierungen der Barockzeit betroffen gewesen, und die Hochindustrialisierung im späten 19. Jahrhundert mit ihrer Überformung aller Lebensverhältnisse hat hier nur wenige Spuren hinterlassen. Die höhere Dichte an Tafeln und geschnitzten Figuren im Verhältnis zur dünneren Besiedelung spiegelt also den ehemaligen mittelalterlichen Bestand nur deshalb etwas besser wider, weil hier wesentlich weniger moderne Eingriffe in die Zusammenhänge zu verzeichnen sind als in den prosperierenden großen Städten. Selbstverständlich ist es auch hier über die Jahrhunderte zu zahlreichen Verlusten gekommen – und manche der heute sorgfältig betreuten Kunstwerke waren zwischenzeitlich längst als stabiles Bauholz für den Innenausbau zweckentfremdet worden, bevor sie im 19. und 20. Jahrhundert als *Bilder* wiederentdeckt und wertgeschätzt wurden.[2] Trotzdem bietet der überlieferte Bestand an Kunstwerken in den genannten Regionen eine gute Chance, die Entwicklung der Retabel im chronologischen Längsschnitt zu verfolgen, um dann einzelne Werke zu diesen Bildtraditionen in Beziehung zu setzen. Der in der Literatur zwar bekannte, bis heute aber nur unzureichend erforschte Netzer Altaraufsatz gehört mit seiner Anfertigung um 1360 noch in die frühe Phase dieser Bildtraditionen, innerhalb derer er selbst neue, nachfolgend breit rezipierte Formen ausbildete. Er soll hier sowohl auf seine ursprüngliche Zugehörigkeit zur ehemaligen Netzer Klosterkirche St. Maria und seine damalige Rezeption durch die Kirchenbesucher befragt werden als auch auf sein Verhältnis zur spätmittelalterlichen Bildentwicklung.

Erhaltungszustand und Standort

Das Retabel befindet sich heute auf dem Hauptaltar im südlichen Schiff der Kirche. Es ist ein querrechteckiges Flügelretabel von 133,5 cm Höhe und 475,0 cm Breite (geöffnet), dessen Mitteltafel und Flügel mit flachen Rahmenleisten eingefasst sind. Es besitzt keinerlei architektonischen Zierrat in Form von Fialen, Wimpergen oder Maßwerkschmuck.[3] Diese sehr schlichte Grundform zeigte ehemals über die gesamten Flächen sowohl der inneren als auch der äußeren Ansichtsseite figürliche Malerei: Im geöffneten Zustand kann man heute noch quer über die Flügel und die Mitteltafel hinweg in dreizehn Bildfeldern von links nach rechts die Kindheitsgeschichte und die Passion Christi ablesen, wobei das zentrale Ereignis des Todes Christi am Kreuz mit einem größeren Bildfeld in der Mitte besonders hervorgehoben worden ist (Tf. 12). Auf dem linken Flügel erkennt man in zwei Registern Szenen der Verkündigung und der Geburt sowie der Anbetung der Könige und der Darbringung im Tempel. Die Mitteltafel zeigt links vom Mittelfeld das Abendmahl und darunter die Kreuztragung, rechts davon Christus vor Pilatus und die Beweinung, während der rechte Flügel oben die Himmelfahrt Christi und die Pfingstszene, darunter die Grablegung und die Auferstehung präsentiert. Eine dem Gang der biblischen Ereignisse folgende Leselinie muss also zwischen den oberen und den unteren Szenen mehrfach hin und her wandern. Von den Darstellungen der Flügelaußenseiten ist noch ihre Einteilung in zwölf hochrechteckige Bildfelder – je Flügel drei im oberen, drei im unteren Register – zu erkennen; auf fünf Feldern des rechten Flügels befinden sich Fragmente der Darstellung eines heiligen Erasmus und der Quatuor Coronati, die zerstörten anderen sieben Felder zeigten ehemals weitere Heilige, von denen sich nur kleine Gewand- und Nimbenpartien erhalten haben. Die Rückseite der Mitteltafel ist mit einem heute fragmentierten Muster aus roten, weißen und grünen Rhomben bemalt. Stabilisiert wird das über der hinteren Kante des Altartisches stehende Retabel durch zwei kräftige, auf dem Fußboden aufsetzende Pfosten, die mit der Rückseite der Mitteltafel und dem Altartisch verbunden sind. Die Höhendifferenz zwischen der Tischplatte und der unteren Rahmenleiste der Mitteltafel verdeckt heute ein schmaler moderner Kasten, die mittelalterliche Predella ist nicht erhalten. Das oberhalb der Mitteltafel befestigte Kruzifix des 15. Jahrhunderts gehört nicht zum ursprünglichen Bestand.

Es ist keineswegs selbstverständlich, dass ein mittelalterliches Retabel heute noch an dem Ort steht, für den es ursprünglich angefertigt worden ist, denn zahlreiche ältere Retabel sind bei der Neuausstattung von Kirchen zwischen dem 16. und dem 19. Jahrhundert an ärmere Kirchengemeinden verschenkt worden.[4] Und es ist angesichts üblicher „Auffrischungen" und Übermalungen in den Jahrhunderten vor dem Einsetzen denkmalpflegerischer Erhaltungsgrundsätze auch nicht selbstverständlich, dass die Malschichten eines rund 650 Jahre alten Werks ohne Veränderungen erhalten sind. Deshalb sollen zunächst die originale Aufstellung und der materielle Zustand des Retabels noch einmal überprüft werden. Am Werk selbst sind weder Zeichen eines Ordens, noch Wappen eines Stifters noch Namensinschriften eines Malers zu entdecken, und die mittelalterliche archivalische Überlieferung zum Kloster nennt das Retabel nicht.[5] Erstmals beschrieb es Ludwig Curtze in seinem 1850 publizierten Buch über das Fürstentum Waldeck, während der Altaraufsatz bei dem älteren Chronisten Johann Adolph Theodor Ludwig Varnhagen noch nicht genannt wurde.[6] Ludwig Curtze benannte nur knapp die dargestellten Themen und bemängelte die seiner Ansicht nach schlechte Proportionierung der Figuren. Erst wesentlich später wurde das Werk überregional wahrgenommen: Eine erste Fotografie der Mitteltafel fertigte Albrecht Kippenberger um 1920/25 für das Fotoarchiv des Marburger Kunstgeschichtlichen Seminars an und führte es damit der Forschung zu (Abb. 2). 1929 wurde das Retabel für eine Ausstellung ausgeliehen, die die Eingliederung des Fürstentums Waldeck in die Provinz Hessen-Nassau begleitete, während die für die wissenschaftliche Erforschung der Kunst in Nord- und Mittelhessen wichtige Ausstellung „Religiöse Kunst in Hessen und Nassau" von 1928 in Marburg Werke aus dem damals noch selbstständigen Freistaat Waldeck nicht einbezog. Gleichzeitig hatte es von privater Seite ein finanziell attraktives Kaufangebot für den Hochaltaraufsatz gegeben, das in Netze abgelehnt wurde. Das Retabel war im Rahmen

2   Netzer Retabel, Mitteltafel, um 1360, ehemalige Klosterkirche St. Maria, Hochaltarretabel, Waldeck-Netze (älteste Aufnahme um 1920) (Foto Bildarchiv Foto Marburg)

der Ausstellung zum Fürstentum Waldeck zusammen mit anderen Objekten ein dreiviertel Jahr ununterbrochen an insgesamt acht Standorten zu sehen, danach wurde es in Kassel restauriert und in Netze wieder aufgestellt.[7] Separat entstand eine erste wissenschaftliche Bearbeitung durch den Wildunger Geschichtslehrer Werner Meyer-Barkhausen.[8]

Der Autor stellte die Retabelform, die Themen und den damaligen Erhaltungszustand sorgfältig vor, und er wies zu Recht auf das plastische und ausdrucksstarke Gestaltungsvermögen des anonymen Malers hin, das den Beginn einer neuen, anschaulicheren Schilderung religiöser Themen in der Tafelmalerei der 2. Hälfte des 14. Jahrhunderts kennzeichne. Er hatte auch schon erkannt, dass ein zweites Werk aus derselben Werkstatt im Kölner Wallraf-Richartz-Museum erhalten geblieben war (Tf. 13). Wenige Jahre später entdeckte Käthe Klein dessen Herkunft aus Osnabrück oder der dortigen Umgebung. Sie fügte den beiden Retabeln eine Tafel aus dem Zisterzienserinnen-Kloster Wormeln (bei Warburg) hinzu, die das anspruchsvolle Thema der Maria als Thron Salomonis zeigt (Abb. 3), so dass sich die Konturen einer vermutlich über längere Zeit zwischen Osnabrück, Warburg und Netze tätigen Werkstatt abzuzeichnen schienen.[9] Einen größeren Bekanntheitsgrad erlangte diese anonyme Werkstatt im zweiten Band von Alfred Stanges Buchreihe „Deutsche Malerei der Gotik" 1936. Der Autor datierte das Netzer und das Kölner Retabel ähnlich wie schon Meyer-Barkhausen und Klein um 1370/80 und bestimmte die Tafel aus dem Kloster Wormeln als späteres, um 1400 angefertigtes Werk. Der Autor fügte dem Werkkomplex noch zwei weitere, um 1400/1420 entstandene Werke mit Szenen der Kindheit und der Passion hinzu. Er begriff den Stil des Malers im Sinne einer völkischen Kulturideologie als typisch für den westfälischen Stammescharakter.[10]

Mit dieser Zusammenstellung eines Werkkomplexes und der eher vagen Datierung der Retabel zwischen 1370 und 1420 stagnierte die Forschung, und auch eine spätere Ausstellung in Münster 1964, zu der drei der genannten Werke ausgeliehen worden waren, erbrachte keine neuen Erkenntnisse.[11] Lange Zeit haben solche auf die kunstgeographische Lokalisierung und auf Datierungen reduzierten Interessen die gesamte Tafelmalerei-Forschung beherrscht, und die genannten Werke sind immer wieder – auch ohne nationalsozialistische Konzepte im Hintergrund – als typische Erzeugnisse einer „westfälischen" Malereitradition vor dem Auftreten des Conrad von Soest aufgefasst worden, lediglich das genauere zeitliche Verhältnis der Retabel untereinander blieb strittig.[12]

Aus den Vorgängen lassen sich einige Rückschlüsse ziehen: Die Erwähnung bei Ludwig Curtze belegt, dass sich der Altaraufsatz in der Mitte des 19. Jahrhunderts, kurz nach umfangreichen Instandsetzungsarbeiten an der Netzer Pfarrkirche dort befand.[13] Die Darstellung der Quatuor Coronati auf den Retabelaußenseiten stützt die Annahme von dessen auch ursprünglicher mittelalterlicher Zugehörigkeit zur Klosterkirche, denn letztere war zwar Maria als Hauptpatronin geweiht, im 14. Jahrhundert wird in zwei Urkunden aber auch ein Nebenpatrozinium der „Vier Gekrönten" genannt. Aus der Darstellung dieser ausgesprochen selten gezeigten Heiligen auf den Flügeln, deren Identifizierung erst um 1990 dem langjährigen Netzer Küster Karl Kann gelang, darf man schließen, dass das Retabel tatsächlich für dieses Gebäude geschaffen und nicht im Zuge späterer Translozierungen aus einer anderen Kirche nach Netze gebracht worden ist.[14] – Den Standort des Retabels auf dem Hochaltar im östlichen Joch des Südschiffs nennt erstmals Meyer-Barkhausen, der 1928 Netze besuchte. Die bei ihm abgebildete Situation (Abb. 1) zeigt die verschmutzte und gebrochene Altartischplatte in einem beschädigten Zustand: Ihre hinteren Ecken waren abgeschlagen worden, um die Stützpfosten des Retabels nach vorn setzen zu können, die Predella fehlt, ebenso das heute oberhalb montierte Kruzifix. Dieser Zustand dürfte die Aufstellung nach den Renovierungsarbeiten von 1845 wiedergeben. Heute findet man die Mensa in einem ergänzten und neu geschliffenen Zustand vor, die Stützpfosten stehen hinter der Platte, der alte Altarstipes mit seinem leeren Reliquiendepositorium wurde beibehalten. Die Breite der Platte von 236 cm stimmt mit der Breite der Mitteltafel von 237 cm bis auf einen Zentimeter genau überein, so dass die Größe dieser Mensa das verbindliche Maß für die Anfertigung des Retabels vorgegeben haben muss.[15] Eine ursprüngliche Bestimmung des Retabels für die Nonnenempore – und damit für einen Ort innerhalb der Klausur – oder für einen der ehemaligen Nebenaltäre in der Kirche ist damit ausgeschlossen. Das Werk ist der ursprüngliche Hochaltaraufsatz der Klosterkirche.

3   Maria als Thron Salomonis, um 1380/90, Staatliche Museen zu Berlin, Gemäldegalerie (Foto Gemäldegalerie, SMB/PK, Foto Jörg P. Anders)

Werner Meyer-Barkhausen fand das Retabel mit übermalten Flügelaußenseiten und schwarz gestrichenen Rahmenleisten vor, es muss also vor 1928 schon einmal überarbeitet worden sein. Die von ihm publizierten Fotografien, deutlicher noch die etwas ältere Fotografie von Albrecht Kippenberger (Abb. 2) zeigen, dass die Malereien der inneren Ansichtsseite unzählige kleine Farbabsplitterungen aufweisen, und dass entlang der Fugen der horizontal verarbeiteten Bretter von Mitteltafel und Flügeln Malschichten fehlten. Weiterhin ist eine nicht unerhebliche Anzahl von mutwilligen Beschädigungen zu erkennen – etwa die ausgestochenen Augen des jüngsten Königs in der Anbetung, die zerkratzten Gesichter in der Beweinung oder die langen Kratzer im Goldgrund der Kreuzigung. Bei genauerer Analyse der Fotografien sind auch Verputzungen im Goldgrund zu sehen, die auf eine mechanische Reinigung der Oberflächen hindeuten, bei der Teile der Vergoldung abgerieben oder abgewaschen worden sind. Das Retabel ist also nicht in dem unberührten Zustand überliefert, den der heutige Anblick zunächst vermuten lässt. Es unterlag nicht nur den normalen Alterungsprozessen mit einer Lockerung der Farbschichten vom Untergrund sondern es war – offensichtlich zwischenzeitlich außer Funktion gesetzt – zerstörerischen Kritzeleien ausgesetzt und ist erst später wieder als Altaraufsatz hergerichtet worden. Diese unterschiedlichen Etappen von Verwahrlosung, Renovierung und grober Reinigung der Oberflächen noch vor 1928 können zeitlich nicht mehr genau bestimmt werden. Zu den Maßnahmen des 20. Jahrhunderts, die sich auf eine Konservierung und auf die Retuschen von Fehlstellen beschränkten, liegen dagegen Berichte vor.[16] Die alten Fotografien erlauben zusammen mit den Berichten den Rückschluss, dass hier zwar viele kleinste Farbpartien fehlen, deren modern retuschierte Lücken heute kaum auffallen, dass insgesamt aber keine Motive verloren gegangen oder Gegenstände ergänzend hinzugefügt worden sind. Die Analyse darf vom heutigen Zustand der Malerei ausgehen. Das Netzer Retabel gehört trotz der Fehlstellen auf den Außenseiten zu den gut und – mit Ausnahme der fehlenden Predella – vollständig erhaltenen Retabeln des 14. Jahrhunderts. Festzuhalten bleibt darüber hinaus auch, dass es offensichtlich keine reformatorischen Eingriffe in die dargestellten Themen gegeben hat, die andere Werke in Hessen in der Reformationszeit nach 1527 und besonders nach dem Übertritt des Landgrafen Moritz von Hessen-Kassel zum Calvinismus 1605 betroffen haben. Damit unterscheidet sich die Grafschaft Waldeck, in der es nicht zu größeren Bilderstürmen kam, von der Grafschaft Hessen-Kassel und Hessen-Marburg.

Die Wahrnehmung des Retabels im Kirchenraum

Die in der Einführung genannten spätmittelalterlichen Retabel belegen, dass die Aufstellung von Heiligenfiguren und Bilderzählungen am Altar vom 13. Jahrhundert an und sukzessive bis ins 15. Jahrhundert hinein zahlenmäßig deutlich zunehmend in Nord- und Westdeutschland zu einer geläufigen Praxis wurde. Die Herkunft der Werke aus sehr unterschiedlichen Kirchen zeigt auch, dass es ein übergreifendes Interesse an den Bildern gegeben hat: Sowohl für Kloster- und Stiftskirchen als auch für Pfarrkirchen wurden Retabel in Auftrag gegeben, und innerhalb der Klosterkultur waren alle Orden sowohl mit Frauen- als auch mit Männerkonventen an dieser Entwicklung beteiligt. Man kann deshalb die Vermehrung der Bilder am Altar nicht auf die spezifischen Bedürfnisse nur eines Ordens oder etwa nur der Nonnen oder nur der Laien zurückführen, sie stellt ein übergeordnetes Phänomen des späten Mittelalters dar. Auch die Zisterzienser, deren ursprüngliche Reformkonzepte unter anderem eine Schlichtheit der kirchlichen Ausstattung vorsahen, haben diese Etablierung der Bilder am Altar mit vollzogen.[17] Das Netzer Retabel entstand im Verlauf dieses Prozesses, der auf eine visuelle Anschaulichkeit der Heilsgeschichte und ihrer Glaubensgrundsätze abzielte. Die Kenntnis seines ursprünglichen Standortes ermöglicht es, unter Einbeziehung der architektonischen Gegebenheiten und der Geschichte des Klosters exemplarisch auch einige konkretere Überlegungen zur Wahrnehmung des Retabels durch die Kirchenbenutzer anzustellen.

Die heutige evangelische Pfarrkirche besteht aus einem romanischen Westturm, einem in mindestens zwei Bauphasen errichteten zweischiffigen gotischen Hallenlanghaus von fünf Jochen und einer im Südwesten angebauten separaten Kapelle, die dem heiligen Nikolaus geweiht war und vom Kircheninneren aus zugänglich ist. Die nicht mehr erhaltenen Klostergebäude erstreckten sich ehemals nördlich und westlich der Kirche, eine kleine Pforte auf der westlichen Stirnseite des Nordschiffes führte von dort auf die ursprünglich sehr geräumige, zwei Joche überspannende Nonnenempore, von der sich noch ein Teil erhalten hat. Das Kirchenschiff besitzt keine Apsis, das östliche, gerade geschlossene und mit dreibahnigen Maßwerkfenstern ausgestattete Joch ist als Chorbereich anzusehen: Hier steht im Süden der einstige Hochaltar, im Mauerwerk des nördlichen Schiffs zeigen zwei Nischen in Griffhöhe (für das Altargerät) noch die ehemaligen Standorte von zwei Nebenaltären an. Zugänglich ist das Langhaus durch eine kleine Tür im Nordosten vom ehemaligen Kreuzgang her sowie im Süden durch ein breites Portal mit profilierter Rahmung und vom Westturm aus dem außerklösterlichen Bereich. Eine verlässliche Baugeschichte dieser in mehreren Abschnitten entstandenen Kirche ist bisher nicht erarbeitet worden, deshalb sollen einige zum Verständnis der Retabelsituation wichtige Aspekte hier geklärt werden.[18]

In einer häufig als Kloster-"Stiftung" bezeichneten Urkunde hatten die Grafen Volkwin und Adolf zu Schwalenberg und Waldeck eine der Maria geweihte Kirche im Dorf Netze 1228 an eine schon bestehende Klostergemeinschaft von Frauen übergeben, die nach dem Willen der gräflichen Stifter nach der Zisterzienserregel leben sollte.[19] Diese Gemeinschaft ist sehr spät erst 1487 tatsächlich in den Zisterzienserorden inkorporiert worden, sie hat sich aber außerhalb des Ordens unter der geistlichen Aufsicht des Mainzer Erzbischofs entwickeln können.[20] Die Schenkung wurde mit der Vorsorge für das Seelenheil der Grafen begründet, und es ist sehr wahrscheinlich, dass schon zu diesem Zeitpunkt auch an die Anlage einer Grablege für den durch Adolf I. begründeten Waldecker Zweig der Familie gedacht wurde. Erstmals ist die Netzer Kirche als Begräbnisort des 1267 verstorbenen Grafen Heinrich dokumentarisch belegt.[21] Das Kloster wurde über mehrere Jahrhunderte von den Grafen von Waldeck, aber auch von edelfreien Familien aus der Region immer wieder mit Gaben versorgt, hinzu kamen die Mitgiften der eintretenden Nonnen und eine stattliche Anzahl von Ablassprivilegien.

Die Kirche hatte also seit der nicht genau datierbaren Ansiedlung der Nonnen Aufgaben als Pfarrkirche des Dorfes Netze und als Klosterkirche zu erfüllen, hinzu kam als dritte Funktion die dynastische Grablege. Nach einer notwendigen Herrichtung des Gebäudes für die Bedürfnisse der Nonnen, insbesondere der Abtrennung eines Raumes für deren Chorgebet und ihre von den Laien separierte Teilnahme an der Messe, ist eine substanzielle Erweiterung der Kirche erst gegen Ende des 13. Jahrhunderts vorgenommen worden. Eine dichte Folge von sechs Ablassprivilegien zwischen 1282 und 1296, deren letzte beide

4 Marienkrönung, um 1340/50, ehemalige Klosterkirche St. Maria (historische Präsentation, ursprünglich im östlichen Chorfenster), Waldeck-Netze (Foto Bildarchiv Foto Marburg)

1287 und 1296 ganz konkret auch erwünschte Gaben zur Ausstattung der Kirche benennen, belegt dies.[22] Die Nikolauskapelle kann erst nach diesem ersten Erweiterungsbau entstanden sein, da ihre östliche Mauer stumpf an die Profile des Südportals stößt. Die Grablege der Waldecker Grafen hat sich also bis um oder nach 1300 in der Kirche selbst befunden. Diese Annahme wird durch eine spätere Urkunde von 1385 bestätigt, in der die stiftende Gräfin Elisabeth von Berg von der Nikolauskapelle als „... waldegsche Capelle, *davor* und *ynne* begraben leghen die Edeln herrin und frauwen der herschaft zcue waldegke ..." [Hervorhebung I.G.] spricht. Schriftlich wird sie erstmals 1312 in einem Ablassprivileg genannt. Begräbnisse können also erst seit Beginn des 14. Jahrhunderts dort stattgefunden haben, ältere Grabstellen im Kirchenschiff blieben bestehen.[23]

Die Architekturformen der beiden östlichen Joche gehören mit ihren Birnstabrippen und den hohen Maßwerkfenstern einer etwas jüngeren Bauetappe an, die mit einer 1322 beginnenden und bis 1354 sechs Ablassprivilegien umfassenden Urkundenfolge verbunden werden kann. Wiederum nennen die letzten zwei Urkunden von 1343 und 1354 als vorbildliche Spenden auch Gaben für die Ausstattung der Kirche (Leinen, Schmuck, Gold, Silber, Kleidung, Bücher, Kelche), danach sind keine weiteren Privilegien mehr vom Kloster eingeholt worden. Deshalb kann davon ausgegangen werden, dass der Bau bis um 1340 zumindest architektonisch in seinen heutigen Ausmaßen abgeschlossen war und man sich anschließend der Innenausstattung widmete.[24] Eine ehemals für das Maßwerkfenster hinter dem Hochaltar angefertigte Glasmalerei, aus der sich das Fragment einer Marienkrönung erhalten hat (heute in der Nikolauskapelle), bestätigt diese Vermutung (Abb. 4). Die Darstellung muss stilistisch um 1340, eventuell sogar erst um 1350 angesetzt werden, sie gehört damit zur anschließenden Ausstattungsphase.[25] Anlässlich dieses Erweiterungsbaus wurde auch der Hochaltarstandort der Kirche nochmals nach Osten verlegt – und es ist erst dieser neue, zwischen 1340 und 1350 entstandene Hochaltar, für den das Retabel angefertigt worden ist. Dessen Finanzierung konnte ebenso wie die Ausstattung der Altäre mit liturgischem Gerät und mit Paramenten auf die Einnahmen aus den Ablässen zurückgreifen. Der hier skizzierte Bau- und Ausstattungsverlauf stellt einen der Gründe dar, das Retabel nicht mehr um oder nach 1370 zu datieren. Es wird ebenso wie die liturgisch notwendigen Gegenstände im Laufe der 1350er Jahre in Auftrag gegeben und um 1360 vollendet worden sein. Diese etwas frühere Datierung wird durch aktuelle Überlegungen zur stilistischen Einordnung der möglichen Vergleichsbeispiele, zum Beispiel dem Kölner Klarenaltar (um 1350/60) oder der Fritzlarer Kreuzigungstafel (um 1360) sowie den deutlich *nach* den Arbeiten des anonymen Netzer Meisters entstandenen Werken Bertrams von Minden in den 1380er Jahren, bestätigt.[26]

An wen richteten sich die Darstellungen der beiden Ansichtsseiten des Retabels? Die Nonnen betrachteten das Retabel von der Nonnenempore aus, deren vordere Brüstung ehemals an der Grenze zwischen dem zweiten und dem dritten Joch lag, eine Distanz, aus der die Darstellungen noch zu erkennen waren. Ob sie bei geschlossener Kirche – etwa zur Herrichtung der Altäre vor der Messe oder vor Festtagen – über die kleine Tür in der Nordwand auch Zutritt zum Kirchenschiff hatten, muss aufgrund des vollständigen Fehlens von Dokumenten zum klosterinternen Leben in Netze offen bleiben.[27] Der Probst und die Kapläne, die die Messen an den Altären zelebrierten, hielten sich im Kirchenschiff auf.[28] Auch die Pfarrgemeinde betrat das Schiff von Süden her und sah das Retabel aus kurzer Distanz. Für sie war die Kirche nicht nur Ort der Messe und gelegentlicher Predigten – individuelle Andachten, Taufen, Hochzeiten und Totenfeiern waren weitere Anlässe eines Kirchenbesuchs von Seiten der Dorfbewohner. Zu dieser Gruppe muss auch das Gesinde des Klosters hinzu gezählt werden, weiterhin die Laienschwestern und Laienbrüder, denn die Empore war ausschließlich den Nonnen vorbehalten.

Als weitere wichtige Besucher sind die Waldecker Grafen mit ihrem Gefolge zu nennen, die zu den Bestattungen nach Netze kamen, die sich aber auch zu den Jahrestag-Gedächtnisfeiern der Verstorbenen dort eingefunden haben werden. Die diesbezüglichen Rituale müssen sich sowohl auf Grabstellen im Kirchenschiff als auch in der Nikolauskapelle bezogen haben. Darüber hinaus kamen weitere Laien von außerhalb in die Kirche, denn die oben erwähnten Ablassprivilegien nennen nicht nur finanzielle und materielle Gaben als Möglichkeiten zur Erlangung eines Ablasses, sondern sie laden explizit dazu ein, die Kirche zu besuchen, dort zu beten, an der Messe teilzunehmen, Predigten zu hören und der Heiligen an ihren Festtagen zu gedenken, um die Zeit der Seele im Fegefeuer zu verkürzen. Die Ablassprivilegien der zweiten Bauphase zählen neben den hohen christlichen Feiertagen wie Weihnachten, Ostern, Pfingsten und den Marienfesten eine sehr große Anzahl von Heiligenfesttagen auf, so dass insgesamt an mehr als der Hälfte der Tage eines Jahres beim Besuch der Kirche jeweils mindestens 40 Tage Fegefeuer-Erlass gewonnen werden konnten. Das Kloster zog damit bußwillige Besucher und Besucherinnen aus der Region an, von denen selbstverständlich ebenfalls (kleinere) Gaben erwartet wurden.

Die Nonnen, deren wichtigste Aufgaben das Gotteslob und die Gebete für die Klostergründer und deren Nachfahren waren, befanden sich in deutlicher räumlicher Distanz zum Retabel. Es sind vor allem Laien, an die sich der Hochaltaraufsatz wandte: Messe, Predigt und die Spendung kirchlicher Sakramente für eine sicherlich nur wenig gebildete Laiengemeinde, die Totenfeiern für die Grafenfamilie sowie Buße und Andacht der Ablass suchenden Bevölkerung vollzogen sich in seiner Nähe. Die Vorstellung, dass sich das Retabel einer Kirche in erster Linie an die Nonnen richtete, greift also zu kurz. Sein Standort auf dem Hochaltar machte es – unbeschadet seines inhaltlichen Bezugs zur Messfeier, der bei *jedem* Bildwerk auf dem Altartisch gegeben sein musste – zu einem bildlichen Fokus für die Kirchenbesucher aus dem Laienstand. Diese bildeten keine homogene Gruppe, sondern sie betraten das Kirchenschiff mit ganz unterschiedlichen Absichten und Erwartungen. Es soll deshalb in einem letzten Schritt untersucht werden, ob das Bildprogramm in seiner Binnengestaltung eventuell auf die Intentionen einzelner Betrachtergruppen ausgerichtet worden ist.[29]

Bildtraditionen und Publikum

Neben der oben angesprochenen vermehrten Aufstellung von Bildern auf dem Altar ist parallel auch eine Hinwendung zum erzählenden Bild zu beobachten. Die Bilderzählung gehört als Wand- und Buchmalerei sowie als Relief etwa auf den Kirchenportalen seit dem Frühchristentum zur christlichen Bilderwelt. Auf Retabeln erschien sie jedoch erst recht spät im 13. Jahrhundert. Hochmittelalterliche Retabel wie zum Beispiel die um 1175 entstandene Tafel aus dem ehemaligen Walburgiskloster in Soest oder diejenige aus dem Aschaffenburger Stift von etwa 1240 zeigen Christus in seiner Herrlichkeit, umgeben von den Standfiguren der Märtyrer und der Zeugen des Glaubens.[30] Eine genuine Bilderzählung mit Szenen, die erst als fortlaufende Serie eine Geschichte darbieten, ist in den hier interessierenden Regionen erstmals auf der Tafel in Wetter nachweisbar (Abb. 5). Die um 1270 für das dortige Damenstift entstandene Tafel zeigt mit der schlichten Abfolge von Gefangennahme, Christus vor Pilatus, Geißelung, Kreuztragung, Kreuzigung, Kreuzabnahme und Grablegung einen Ausschnitt des Passionsgeschehens, der in einfacher Leselinie von links nach rechts erfasst werden kann.[31] Die formale Gestaltung des Netzer Retabels (Tf. 12) repräsentiert den nächsten Entwicklungsschritt: Hier wurde ein größeres Feld im Zentrum angeordnet, und die übrigen Bildfelder wurden sowohl auf den Flügeln als auch seitlich der großen Szene auf der Mitteltafel in zwei Registern untereinander angeordnet. Auf diese Weise entstand ein zweizeiliges, flexibel einsetzbares Ordnungsschema, das ein die Aufmerksamkeit fesselndes Hauptthema zusammen mit einer erläuternden kleinteiligen Erzählung kombinierte. Das Werk in Netze ist das älteste erhaltene Beispiel dieser Art und seine inhaltlichen Schwerpunkte – Kindheit und Passion Christi – stellen die mit Abstand am

5   Passionsretabel, um 1270, ehemalige Damenstiftskirche St. Maria, Wetter b. Marburg (Foto Bildarchiv Foto Marburg)

6   Hochaltarretabel, Conrad von Soest, 1403, Stadtpfarrkirche, Bad Wildungen (Foto Bildarchiv Foto Marburg)

häufigsten dargestellten Themen der narrativen Altaraufsätze dar. Die formale Gestaltung, die Themenauswahl, die Hervorhebung der Kreuzigung und die Anordnung der Kindheit Christi auf dem linken Flügel wurden 1403 im Niederwildunger Retabel des Conrad von Soest besonders eng übernommen (Abb. 6), der Retabeltypus wurde seit dieser Zeit – mit Varianten – bis zum 16. Jahrhundert überregional häufig genutzt.

Die Anordnung von zwölf Szenen aus der Kindheit und der Passion Christi um die größere Kreuzigung deutet also nicht auf eine spezifische Ansprache einer bestimmten Besuchergruppe hin. Es ist viel eher zu vermuten, dass gerade die heterogenen Ausgangsbedingungen für die Betrachtung des Retabels in Netze die Wahl eines solchen allgemeinen Themas befördert haben: Die Heilsgeschichte von der Menschwerdung Christi über den Erlösungstod am Kreuz bis zur Ausgießung des heiligen Geistes war für die Nonnen, die Grafenfamilie, die dörfliche Kirchengemeinde und die Ablass suchenden Besucher aus der Region gleichermaßen von Bedeutung. Festzuhalten ist weiterhin, dass es sich trotz des Marienpatroziniums der Kirche nicht um ein Marienretabel handelt. Die Bedeutung der Maria wird hier im Verlauf der Ereignisse des Neuen Testaments thematisiert, das Bildprogramm selbst ist jedoch auf Christus fokussiert. Das bestätigt noch einmal die Vermutung, dass Ordensinteressen – etwa die besondere Marienverehrung der Zisterzienserinnen – hier nicht im Vordergrund standen. Mit dem einfachen erzählenden Programm, das die Kreuzigung als Kulminationspunkt der Ereignisabfolge in den Mittelpunkt stellt, wird – wie in vielen anderen Retabeln auch – der Tod Christi ins Zentrum gerückt, der sich bei den Kirchenbesuchern mit der Hoffnung auf die eigene Erlösung verbinden konnte.

Zum Bildprogramm der Außenseite können nur noch wenige Aussagen gemacht werden: Die noch identifizierbaren Heiligen Erasmus (Bischofsstab und Winde) und die Quatuor Coronati (Winkelmaß, Zirkel, Meißel sowie wahrscheinlich ein Richtscheit) wurden nicht in den langen Katalogen der ablassfähigen Festtage genannt. Die Zusammenstellung der ehemals zwölf Heiligen orientierte sich also nicht an den in den Jahrzehnten zuvor erworbenen Privilegien, sondern sie zeigte offensichtlich die für das Kloster grundsätzlich wichtigen Heiligen, wie dies auf den Außenflügeln anderer, zeitnah entstandener Retabel etwa in Oberwesel (um 1330/40) oder am Kölner Klarenretabel (um 1350/60) auch zu sehen ist. Dabei fällt es auf, dass die Quatuor Coronati, die neben der immer präsenten Hauptpatronin Maria nur zweimal – 1287 und 1326 – in den Urkunden als Mitpatrone der Netzer Kirche genannt werden, hier einen Platz bekommen haben.[32] Die

Verehrung der frühchristlichen Märtyrer, die der Legende nach als Steinmetze in den römischen Steinbrüchen in Dalmatien gearbeitet und aus christlicher Überzeugung die Anfertigung einer heidnischen Götterstatue verweigert und deshalb das Martyrium erlitten haben sollten, ist nördlich der Alpen selten thematisiert worden. Im heutigen Hessen und Westfalen ist kein einziges weiteres klösterliches Patrozinium nachweisbar, so dass das Erscheinen der Heiligen in Netze erstaunt.[33] Die *einzige* Gruppe, die sich regelmäßig für die Vier Gekrönten interessierte, waren die mittelalterlichen Bauleute. Insbesondere die Steinmetze wählten sie zu ihren Schutzpatronen. Diese Tradition ist nördlich der Alpen erst um die Mitte des 15. Jahrhunderts nachweisbar, während sich ältere Zeugnisse vor allem in Italien erhalten haben; es ist jedoch von einer früheren Verehrung der Heiligen durch die Steinmetze auch in Deutschland auszugehen.[34] Ihre Nennung als Mitpatrone der Klosterkirche in Netze fällt jeweils in die Zeit der Erweiterungsarbeiten, und es sei deshalb hier die These formuliert, dass die von außerhalb kommenden Steinmetze die Kenntnis der Heiligen mitgebracht und eventuell deren Verehrung am Ort befördert haben. Diese Vermutung kann derzeit nicht weiter erhärtet werden, unter Umständen sind die Steinmetze etwa in Form einer Bruderschaft aber als weitere Rezipientengruppe in Betracht zu ziehen.

Auf der inneren Ansichtsseite zeigen sich innerhalb der Szenen dann doch einige ikonographische Besonderheiten, die eine konkretere Bezugnahme des Programms auf die spezifische Situation in Netze wahrscheinlich machen. Die Verkündigung an Maria wird in Netze um eine sehr knappe Darstellung der Wurzel Jesse bereichert, die einen nackten Jesse zeigt, aus dessen Schulter ein Baum wächst, in dessen blühender Krone König David die Harfe spielt (Tf. 14). Die Wurzel Jesse symbolisiert eine am Anfang des Matthäus-Evangeliums formulierte Generationenabfolge von Jesse/Isai über König David bis zu Maria und/oder Christus, die mit mehreren alttestamentlichen Prophetien vom Kommen eines Messias verknüpft wurde.[35] Sie kann sowohl als Herkunft der Maria als auch als Herkunft Christi aus dem alttestamentlichen Königsgeschlecht gelesen werden, darüber hinaus stellt Christus den Antitypus zu David dar, der in seiner Zeit schon einmal das jüdische Volk gerettet hatte. Der inhaltliche Schwerpunkt des Motivs liegt in der Vorstellung einer Erfüllung des Alten Testaments im Neuen Testament. Jesse ist hier unüblich ganz nackt dargestellt, er erinnert damit – an das Lukas-Evangelium anknüpfend – auch an Adam und den Sündenfall. Oben wird in derselben Szene mit dem kleinen Kreuz auf der Schulter des Christuskindes schon bei der Inkarnation auf die Passion voraus verwiesen, so dass hier in komplexer Form Erbsünde, alttestamentliche Prophetien und neutestamentliche Erlösung aufeinander bezogen wurden. Zusammen mit der großen Kreuzigungsszene (Tf. 12), die ganz anders als im Werk des Conrad von Soest (Abb. 6) mit Ausnahme des uneinsichtigen Schächers nur gläubige Menschen zeigt, entsteht in der Binnenargumentation des Retabels der Eindruck von Zuversicht und Heilserwartung. Die Darstellung der unbeteiligten Gaffer, der Zweifler und der expliziten Feinde Christi unter dem Kreuz, die die übervollen Kalvarienberge des 15. Jahrhunderts kennzeichnen, die aber auch schon im Kalvarienberg aus Wehrden im Wallraf-Richartz-Museum (um 1340) oder dem Kalvarienberg der Erfurter Predigerkirche (um/nach 1350) zu sehen sind, fehlen hier. Eine solche Erlösungserwartung lässt sich expliziter mit der Fundierung der Grablege der Waldecker Grafen verbinden, deren Seelenheilfürsorge das Kloster seine Existenz verdankte. Der mit einem überlangen Finger auf den Kruzifix weisende – und damit in diesem Augenblick Gott erkennende – Centurio kann für diese eine Identifikationsfigur bereitgestellt haben. Seine Darstellung ist hier über die in dieser Zeit allgemein häufig vorgenommene Charakterisierung als Ritter hinaus mit der detaillierten, um aktuelle Formen bemühten Rüstungsdarstellung dezidiert an der Aktualität dieser Gotteserkenntnis interessiert. Das Bild bietet allerdings keinerlei visuelle Anhaltspunkte dafür, dass der Centurio ein verkapptes Auftraggeber-Porträt gewesen ist, zumal der in diesem Zusammenhang gelegentlich als Stifter genannte Heinrich VI. zu Waldeck seine Herrschaft erst 1369 nach der Fertigstellung des Bildes antrat.[36]

Ähnlich komplexe Aussagen wie die Verkündigung vermittelt auch die Szene der Geburt Christi (Tf. 15): Neben den bekannten Motiven fallen hier insbesondere die Wiege des Christkindes, der Brei kochende Joseph und Hund und Schafe, die auf eine nicht dargestellte Verkündigung an die Hirten verweisen, auf. Ursprünglich wurde die Fürsorge Mariens für das Neugeborene metaphorisch als eine Hinwendung der Gläubigen zu Jesus verstanden. Daraus entwickelte sich der reale Brauch des Christkind-Wiegens, der im späten Mittelalter sowohl in den Klöstern als auch in städtischen Haushalten nachweisbar ist.[37] Die gleichzeitig auftretende Metapher vom Herzen als der Wiege Christi – sie zielt darauf, die Geburt Gottes im eigenen Herzen zuzulassen – übersetzt diese praktische Tätigkeit dann wieder in eine kontemplative Betrachtung.[38] Das Motiv ist also nicht an frauenspezifische Bedürfnisse gebunden, sondern es fordert alle Betrachter zu einer intensiven geistlichen Beschäftigung mit dem irdischen Leben Christi auf. – Dieselbe Transformation einer zunächst als Metapher formulierten Vorstellung in ein buchstäblich wiedergegebenes Bild betrifft auch die Tätigkeit Josephs, der mit einem langen Löffel in einer Breipfanne rührt. Seine heute gelegentlich Belustigung erweckende Darstellung als unbeholfener alter Mann bei der Zubereitung von Babykost setzt die Metapher des „nutritor domini", des Ernährers des Herrn, der Christus in seiner menschlichen Bedürftigkeit ein dienender Begleiter war und so seinen Anteil am Heilswerk vollbrachte, in eine anschauliche Tätigkeit um.[39] Auf diese Weise wurde die theologisch fundierte Symbolik in ein leicht fassliches Bildmotiv für Laien umgewandelt, das auch Conrad von Soest in seinen Zyklus übernahm (Abb. 6). Hier erfüllte das Netzer Hochaltarretabel auch Funktionen eines Andachtsbildes, das den Betrachtern und Betrachterinnen neben der Vermittlung des Erlösungswerks bildliches Anschauungsmaterial für die innere Betrachtung und Vorbilder für das eigene Handeln bot.

Zwei weitere Szenen bestärken den Eindruck, dass das Bildprogramm Bedürfnisse der individuellen Andacht berücksichtigt hat: Die Beweinungsszene verbindet die Klage der Maria unter dem Kreuz, die der anonyme Maler hier in die Form eines aktuellen Andachtsbildtypus, nämlich des geschnitzten Vesperbildes kleidete, mit dem auffälligen Vorweisen der drei Kreuznägel in den Händen eines Helfers (Tf. 17). Das Vesperbild und die Passionswerkzeuge sind in besonderer Weise bildliche Elemente der Passionsandacht, ebenso die Wunden Christi, die – den erhaltenen Farbspuren nach zu schließen – sowohl am Leichnam der Beweinungsszene als auch dem der sich rechts anschließenden Grablegung in besonderer Weise hervorgehoben waren und die Besucher, die in der Kirche Ablass für ihre Sünden gesucht haben, in besonderer Weise angesprochen haben müssen. Das Retabel bietet also für Rezipienten die Möglichkeit, sich den eigenen Bedürfnissen entsprechend mit einzelnen inhaltlichen Aspekten zu beschäftigen, ohne dass bei den beschriebenen Motiven eine ausschließliche Ansprache nur einer Gruppe beabsichtigt gewesen ist.

Schluss

Das Netzer Retabel, dessen ursprünglicher Standort auf dem Hochaltar im östlichen Joch der ehemaligen Kirche hier noch einmal bestätigt werden konnte, entstand um 1360 in einem künstlerischen Umfeld, in dem man zwar kaum jemals einzelne Maler namentlich benennen kann, in dem aber eine Werkstatt sichtbar gemacht werden konnte, die im nördlichen Hessen und Westfalen über einen längeren Zeitraum tätig war. Diese verfügte nicht nur über erste Erfahrungen mit einem neuen Gegenstandsrealismus (Rüstung, Wiege, Kleidungsdetails usw.), sondern sie nutzte als eine der ersten das zweiregistrige, die Mitte betonende Retabelschema, in dem sowohl die Kreuzigung als auch eine ausführliche Schilderung der Kindheit und Passion präsentiert werden konnten. Man hat in Netze also nicht eine beliebige Werkstatt mit der Anfertigung des Hochaltaraufsatzes beauftragt sondern einen Maler gewählt, der – modern gesprochen – die „aktuellen Trends" der Tafelmalerei kurz nach der Jahrhundertmitte kannte. Das Programm erforderte darüber hinaus einen theologisch versierten Berater, erst im Dialog beider – Berater und Maler – entsteht die inhaltliche Verdichtung einzelner Szenen. Historische Personen lassen sich hier nicht mehr ermitteln, und auch die Frage nach den konkreten Auftraggebern lässt sich weder aus dem Befund am Objekt noch aus der schriftlichen Überlieferung beantworten. Die Umstände der durch umfangreiche Ablassprivilegien geförderten Bau- und Ausstattungskampagnen mit vielen Gaben von außerhalb legen es aber nahe, hier eine kollektiv zusammengetragene Finanzierung und eine im Konsens erstellte Programmplanung anzunehmen, die, wie gezeigt, alle in Frage kommenden Betrachter und Betrachterinnen einbezog. Eine Kenntnis aktueller Malereientwicklungen um 1360 ist am wahrscheinlichsten aus den gräflichen Beziehungsnetzen, die bis weit nach Westfalen und Niedersachsen reichten, herzuleiten. – Die Analyse der Kirchenbenutzung hat allerdings auch gezeigt, dass das Hochaltarretabel im südlichen Schiff nicht nur den Grafen vorbehalten war, sondern von unterschiedlichen Kirchenbesuchern aus dem Laienstand gesehen wurde. Darauf reagierte das Bildprogramm mit einer alle Gruppen ansprechenden, universalen Botschaft.

Anmerkungen

1 Umfassend nennt eine ältere Buchreihe alle bis in die 1950er Jahre bekannt gewordenen mittelalterlichen Tafelbilder: Alfred Stange, Deutsche Malerei der Gotik, 11 Bde., Berlin u. München 1934–1961. Eine Auswahl mit aktuellen Fragestellungen in Iris Grötecke, Formenvielfalt und Inszenierungsmöglichkeiten. Altarretabel, in: Geschichte der bildenden Kunst in Deutschland, Band 3: Gotik, hrsg. von Bruno Klein, München 2007, S. 399–401; dies., Bildgestaltung, Bildmitteilung und künstlerischer Austausch. Tafelmalerei, in: ebd., S. 402–456. Zu den Retabeln im heutigen Bundesland Hessen siehe den Volltextserver der Universität Heidelberg: ART-Dok, Publikationsplattform Kunstgeschichte, Mittelalterliche Retabel in Hessen (Objektdokumentation) – Ein Forschungsprojekt der Philipps-Universität Marburg, der Goethe-Universität Frankfurt und der Universität Osnabrück (URL: http://www. archiv.ub.uni-heidelberg.de/artdok/view/collections/c-6.html). Ich möchte den Leitern des DFG-Projekts und insbesondere Xenia Stolzenburg herzlich dafür danken, dass ich die derzeit noch nicht veröffentlichte Objektdokumentation zu Netze zur Kontrolle einsehen konnte.

2 Vgl. zu den bilderfeindlichen Eingriffen des hessischen Landgrafen kurz nach 1600 Birgit Kümmel, Der Ikonoklast als Kunstliebhaber. Studien zu Landgraf Moritz von Hessen-Kassel (1592–1627) (Materialien zur Kunst- und Kulturgeschichte in Nord- und Westdeutschland, Bd. 23), Marburg 1996. – Die genannte materielle Vernutzung betraf z.B. die Tafel in Wetter (verbaut als Emporenrückwand) und den Flügel aus Merxhausen (Schranktür).

3 Die Mitteltafel und die Flügel bestehen aus je vier horizontalen, miteinander verleimten und gedübelten starken Eichenholzbrettern; die Mitteltafel wird zusätzlich auf der

Rückseite durch fünf senkrecht stehende Leisten verstärkt. Die flachen rechteckigen Rahmen sind auf die Mitteltafel und die Flügel aufgedübelt worden. Rahmen und Tafeln wurden mit aufgeklebtem Leinen und einem Kreidegrund für die Temperamalerei und die Vergoldung vorbereitet. Die Maße der Mitteltafel betragen mit Rahmen 133,5 x 237 cm, diejenigen der Flügel mit Rahmen je 133,5 cm x 119 cm. Vgl. zur materiellen Beschaffenheit Uta Reinhold, Die Restaurierung des Netzer Altares. Der Versuch, die Identität eines Objektes zu bewahren, in: Denkmalpflege in Hessen 1 (1988), S. 26–28.

4 Z.B. wurde das Retabel Bertrams von Minden aus der Hamburger Petri-Kirche nach Grabow verschenkt und das Retabel der Lübecker Jacobi-Kirche nach Neustadt-Glewe (beide in Mecklenburg). Die Säkularisation hat in den katholischen Gebieten seit 1803 weitere Translozierungen von Kirche zu Kirche in Gang gesetzt sowie die Überführung zahlreicher Werke in die gerade entstehenden öffentlichen Sammlungen. Am historisch „falschen" Ort stehen heute aber nicht nur die vielen in die Museen überwiesenen Werke, sondern auch einige der im 19. Jahrhundert wiederentdeckten Retabel, so etwa die Hofgeismarer Retabelflügel aus dem Franziskanerkloster in der dortigen Altstädter Pfarrkirche.

5 Die im Marburger Staatsarchiv aufbewahrten Urkunden zum Kloster und der neuzeitlichen Pfarre sind in Bezug auf die Besitzverhältnisse des Klosters und die Entstehung der evangelischen Gemeinde von verschiedenen Autoren ausgewertet worden, nicht aber auf den Umgang mit der Ausstattung der Kirche. Diese umfangreiche Arbeit an den originalen Schriftstücken konnte für den vorliegenden Beitrag nicht nachgeholt werden, gearbeitet wird hier mit den publizierten Dokumenten und Regesten (vgl. Anm. 6, 13, 20, 22).

6 Ludwig Curtze, Geschichte und Beschreibung des Fürstenthums Waldeck. Ein Handbuch für Vaterlandsfreunde, Arolsen 1850, zum Retabel S. 391f.; Johann Adolph Theodor Ludwig Varnhagen, Grundlage der waldeckischen Landes- und Regentengeschichte. Vermächtniß für Vaterlandsfreunde und deutsche Geschichtsforscher, 2 Bde., Göttingen 1825, Arolsen 1853.

7 Vgl. zum Kaufinteresse und der Ausstellung zum Fürstentum Waldeck den Zeitzeugenbericht von Karl Krummel, Das Altarbild in Netze. Ein Blick in die Vergangenheit, in: Mein Waldeck, 1988, Nr. 25, S. 1f.; zur Ausstellung selbst Museumsverband für Kurhessen und Waldeck (Hrsg.), Das Land Waldeck. Wanderausstellung, Kassel 1929.

8 Werner Meyer-Barkhausen, Das Netzer Altarbild. Ein bisher unbeachtetes Meisterwerk der frühen deutschen Tafelmalerei, in: Jahrbuch der preußischen Kunstsammlungen 50 (1929), S. 233–255. Die Maßnahmen der nicht dokumentierten Restaurierung von 1929 wurden in Meyer-Barkhausens Nachtrag, S. 254f, beschrieben. Der Autor schrieb parallel auch einen Beitrag für die Ausstellung Das Land Waldeck 1929 (wie Anm. 7); vgl. ders., Waldeckische Kirchen und ihre Kunstschätze, in: ebd., S. 42–55, zum Netzer Retabel S. 43f.

9 Käthe Klein, Der Passionsaltar aus Osnabrück. Neues über den sogenannten „Laurentiusaltar" in Köln, in: Wallraf-Richartz-Jahrbuch N.F. 2/3 (1933/34), S. 155–164. Die auch ursprüngliche Bestimmung des Retabels für Osnabrück ist aus heutiger Sicht unwahrscheinlich, weil sich die von Klein gefundene Information nur auf den Transport des Werks von Osnabrück nach Köln im Jahr 1826 bezieht. Der ursprüngliche Aufstellungsort des Retabels ist bis heute unbekannt. Die Tafel aus Wormeln befindet sich heute in der Gemäldegalerie in Berlin (Inv.nr. 1844), vgl. die Anm. 12.

10 Stange 1936 (wie Anm. 1), Bd. 2, S. 124–131; zu den weiteren Werken: zwei beschädigte Flügel eines ehemaligen Retabels befanden sich zu dieser Zeit im Wallraf-Richartz-Museum Köln (WRM 816 und WRM 817), heute sind sie in zersägtem Zustand auf die private Sammlung Heinz Kisters und das Wilhelm-Hack-Museum in Ludwigshafen am Rhein verteilt; zwei weitere, zusammengehörige Tafeln aus Hannoversch-Münden befinden sich im Niedersächsischen Landesmuseum in Hannover (PAM 710 und 711). – Zur politischen Ausrichtung der Forschungen Stanges siehe Iris Grötecke, Alfred Stanges Buchreihe *Deutsche Malerei der Gotik* – Ein Stil als geschichtliches Schicksal, in: Mittelalterbilder im Nationalsozialismus, hrsg. von Bruno Reudenbach und Maike Steinkamp (Hamburger Forschungen zur Kunstgeschichte, Bd. 9), Berlin 2013, S. 13–29.

11 Westfälische Malerei des 14. Jahrhunderts, Ausstellungskatalog Landesmuseum Münster, bearb. von Paul Pieper, Münster 1964, vgl. zum Netzer und zum Osnabrücker Retabel Kat.nr. 15–42, S. 43–55 (Paul Pieper), zur Tafel aus Wormeln ebd., Kat.nr. 96, S. 77–83 (Wolfgang Eckhardt).

12 Stellvertretend seien hier zwei jüngere Arbeiten genannt: Brigitte Corley, Conrad von Soest. Painter among merchant princes, London 1996, bes. S. 119–129, eine nicht begründete Spätdatierung des Netzer Retabels um 1390 dort S. 40, S. 51 und S. 120; Uwe Gast, „Im Niemandsland". Alte Thesen und neue Ideen zu den stilistischen Voraussetzungen der Malereien des Retabels in St. Jacobi zu Göttingen, in: Das Hochaltarretabel der St. Jacobi-Kirche in Göttingen, hrsg. von Bernd Carqué und Hedwig Röckelein, Göttingen 2005, S. 415–444, zum Netzer Retabel S. 422–433. – Erst die Bearbeitung der Tafel aus Wormeln durch Stephan Kemperdick brachte in jüngster Zeit neue wissenschaftliche Ergebnisse für dieses Einzelstück, die oben genannte Zusammenstellung der Werke wurde auch von ihm übernommen, die Wormelner Tafel aber früher um 1370/80 datiert; vgl. Stephan Kemperdick, Maria als Thron Salomonis (Wormelner Tafel), in: ders., Deutsche und böhmische Gemälde. 1230–1430. Kritischer Bestandskatalog, Petersberg 2010, S. 98–109.

13 Diese Renovierung um 1845, die erhebliche Eingriffe in die architektonische Substanz vornahm, ist so gut wie nicht dokumentiert. Curtze 1850 (wie Anm. 6), S. 364, bezeugt sie knapp; in den Bau- und Kunstdenkmälern des Landes Hessen. Regierungsbezirk Kassel, Kreis der Eder, bearb. von Gottfried Ganßauge, Walter Kramm, Wolfgang Medding, N.F. Bd. 4, Kassel 1960, S. 237–252, werden die Maßnahmen nur summarisch geschildert.

14 Die gerade noch erkennbaren Steinmetzwerkzeuge, die diese vier frühchristlichen Märtyrer kennzeichnen, wurden zum Teil schon bei Meyer-Barkhausen 1929 (wie Anm. 8) und bei Pieper 1964 (wie Anm. 11) beschrieben, sie sind jedoch erst spät von Karl Kann mit den Heiligen in Verbindung gebracht worden, vgl. die Beilage in Karl Kann, Die ehemalige Zisterzienserinnen-Klosterkirche im „Thal der Hl. Maria zu Netze" Waldeck-Hessen, hrsg. Evangelische Kirchengemeinde Netze, o.J, o.O. (2. Aufl. um 1990); vgl. zum Patrozinium Anm. 33 und 34.

15 Die Maße der Altarplatte sind während des Kolloquiums in Netze am 22. August 2015 von mir noch einmal nachgemessen worden, sie betragen 236 cm in der Breite und 151,5 cm in der Tiefe.

16 1929 waren der schwarze Anstrich der Rahmen und die „Übertünchung" der halbzerstörten Flügelaußenseiten abgenommen sowie die Fugen zwischen den Brettern ausgefüllt und übermalt worden; vgl. Meyer-Barkhausen 1929 (wie Anm. 8), S. 254f. Die folgende Restaurierung durch H. Arndt, der die Maßnahmen an dem Retabel 1962/63 in Darmstadt vor der Münsteraner Ausstellung durchführte, bessere genau diese Fugen sowie ältere Ergänzungen der Fehlstellen in den Szenen aus. Diese Korrekturen sind in der letzten Restaurierung von 1982 bis 1986 als nachgedunkelte Retuschen nochmals abgenommen und erneut retuschiert worden. Vgl. zur Restaurierung 1962/63 Pieper 1964 (wie Anm. 11), S. 46–49, und zur letzten Restaurierung und Konservierung Uta Reinhold 1988 (wie Anm. 3). Arndt und Reinhold berichten beide von einem sehr alten Firnis auf den erhaltenen Farb- und Goldflächen, der im Gegensatz zu jüngeren Überzügen nicht abgenommen worden ist. Das Retabel kehrte erst nach der besseren Klimatisierung der Kirche im April 1991 in die Netzer Pfarrkirche zurück.

17 Vgl. Annegret Laabs, Malerei und Plastik im Zisterzienserorden. Zum Bildgebrauch zwischen sakralem Zeremoniell und Stiftermemoria 1250–1430, Petersberg 2000; Esther Wipfler, „Corpus Christi" in Liturgie und Kunst der Zisterzienser im Mittelalter (Vita regularis 18), Münster 2003.

18 Vgl. zur Architektur den Beitrag von Jens Rüffer, zur Renovierung des 19. Jahrhunderts und deren Rückbau im 20. Jahrhundert die Literatur in Anm. 13 sowie Werner Meyer-Barkhausen: Die Kirche des ehemaligen Zisterzienserinnenklosters in Netze, in: Hessische Heimat 4 (1954), H. 2, S. 2–6. Der Bericht zur Kirchengrabung von 1989/90 geht von diesem Aufsatz aus. Er ist jedoch nicht nachvollziehbar, weil die ergrabenen Befunde dort nicht beschrieben bzw. abgebildet wurden und auch keine interne Dokumentation angefertigt wurde; vgl. Jens Kulick, Ausgrabungen in der Netzer Kirche, in: Land an Eder und Diemel. Ein Bildband über Geschichte, Landschaft und Wirtschaft des Landkreises Waldeck-Frankenberg, Korbach 1992, S. 68f.

19 Die Urkunde (Hesssisches Staatsarchiv Marburg, Best. Urk. 85, Nr. 10533) wurde von Varnhagen 1825 (wie Anm. 6), Bd. 1: Urkundenbuch, S. 55f., publiziert. Die Aussteller wenden sich dem existierenden „cenobio in valle sancte Marie" zu, deren schon eingesetzter Probst und sein Kaplan unter den Zeugen des Schriftstücks auftreten, vgl. auch Jens Rüffer, S. 36f.

20 Seit Beginn des 13. Jahrhunderts wurde die Inkorporierung von weiblichen Gemeinschaften in den Zisterzienserorden nur noch restriktiv zugelassen, so dass zahlreiche, sich an die Zisterzienserregel anlehnende Frauenkonvente juristisch dem Orden nicht angehörten und von diesem weder Unterstützung noch Weisungen erhielten. – Vgl. zu Netze Gabriele M. Hock, Die westfälischen Zisterzienserinnenklöster im 13. Jahrhundert. Gründungsumstände und frühe Entwicklung, Münster 2004, zu Netze S. 497–515; ferner Katharina Schaal, Netze, in: Die Mönchs- und Nonnenklöster der Zisterzienser in Hessen und Thüringen, bearb. von Friedhelm Jürgensmeier und Regina E. Schwerdtfeger, München 2011, S. 1098–1109.

21 Zur Bestätigung einer Seelenheilstiftung der Witwe Mechthild für Heinrich von Waldeck durch dessen Bruder Widukind, Bischof von Osnabrück, von 1267/77 siehe Varnhagen 1825 (wie Anm. 6), Bd. 1: Urkundenbuch, S. 113f.

22 Heinrich Nebelsieck, Die Ablaßprivilegien des Klosters Marienthal in Netze, in: Geschichtsblätter für Waldeck 39 (1939), S. 13–18. Der Autor wertet hier eine spätere, 1424 von Johannes, dem Offizial des Fritzlarer Stifts angefertigte Zusammenstellung aller für das Kloster ausgestellten Ablass-Urkunden aus, vgl. Schaal 2011 (wie Anm. 20), S. 1099, S. 1104.

23 Zur Urkunde von 1385 vgl. Varnhagen 1825 (wie Anm. 6), Bd. 1: Urkundenbuch, S.196–200, Zitat S. 197. Zum Datum 1312 vgl. Nebelsieck 1939 (wie Anm. 22), S. 16. – Es ist gut möglich, dass die separate Grablege im Zuge der besonderen Seelenheilfürsorge für den 1305 in Gefangenschaft ermordeten Grafen Otto entstand, zumal die Mörder umfangreiche Bußleistungen geloben mussten. Ein Ablassprivileg von 1309 gibt in ungewöhnlicher Form Ablass für das Totengedenken auf dem Friedhof, und das Ablassprivileg für den Besuch der Kapelle von 1312 hebt insbesondere das Totengedenken und Gebete für den Ermordeten hervor.

24 Vgl. Nebelsieck 1939 (wie Anm. 22). Da die Zusammenfassung dieser Privilegien erst 1424 erfolgte, hätte der Redaktor des frühen 15. Jahrhunderts auch eventuell nach 1354 ausgestellte Ablass-Urkunden aufgenommen.

25 Vgl. Daniel Parello, Die mittelalterlichen Glasmalereien in Marburg und Nordhessen, Corpus Vitrearum Medii Aevi, Deutschland, III, 3, hrsg. von Hartmut Scholz, Berlin 2008, S. 462–467, und Abb. 361–363. Der Autor datiert um 1340, die voluminösen einfachen Körper und die vegetabilen Krabben auf dem Wimperg bestätigen m.E. eine späte Datierung um 1340/50.

26 Stilistische Analysen stehen hier nicht im Zentrum; vgl. deshalb Grötecke 2007 (wie Anm. 1), S. 423f.

27 Aus anderen Klöstern ist belegt, dass die Nonnen auch Küsterinnen-Pflichten übernahmen, vgl. für einen Überblick zur Vielfalt weiblichen Klosterlebens Krone und Schleier. Kunst aus mittelalterlichen Frauenklöstern, Ausstellungskatalog Essen und Bonn, München 2005; als Fallbeispiel Gerhard Weilandt, Alltag einer Küsterin – Die Ausstattung und liturgische Nutzung von Chor und Nonnenempore der Nürnberger Dominikanerinnenkirche nach dem unbekannten „Notel der Küsterin" (1436), in: Kunst und Liturgie. Choranlagen des Spätmittelalters – ihre Architektur, Ausstattung und Nutzung, hrsg. von Anna Moraht-Fromm, Ostfildern 2003, S. 159–187.

28 Es sind die Namen mehrerer Pröbste, die das Kloster unter anderem rechtlich nach außen vertraten, überliefert; vgl. die Namensliste bei Schaal 2011 (wie Anm. 20), S. 1106; für das 14. Jahrhundert ist die Anstellung von je zwei Kaplänen belegt, wie die Einsetzung eines von der Kirche unabhängigen, zusätzlichen Kaplans in der Nikolauskapelle 1385 durch Elisabeth von Berg bestätigt; vgl. Anm. 23.

29 Vgl. dazu ausführlicher: Iris Grötecke, Das Netzer Retabel: Ein neues Bildprogramm für Laien und Nonnen, in: Mittelalterliche Retabel in Hessen: Werke, Ensembles, Kontexte, hrsg. von Hubert Locher u.a., Petersberg 2017.

30 Vgl. zu den frühen Antependien und Retabeln: Das Aschaffenburger Tafelbild. Studien zur Tafelmalerei des 13. Jahrhunderts (Arbeitshefte des Bayerischen Landesamtes für Denkmalpflege 89), hrsg. von Erwin Emmerling, Cornelia Ringer, München 1997; Das Soester Antependium und die frühe mittelalterliche Tafelmalerei. Kunsttechnische und kunsthistorische Beiträge (Westfalen. Hefte für Geschichte, Kunst und Volkskunde 80, 2002), hrsg. von Joachim Poeschke u.a., Münster 2005.

31 Vgl. zu Wetter Grötecke 2007 (wie Anm. 1), S. 410f.; einzeilige Lesefolgen zeigen etwa auch die Hofgeismarer Flügel, um 1310/20, ebd., S. 413f., oder das Steinretabel im Fritzlarer Dommuseum, um 1330/40.

32 Vgl. zu 1287 Meyer-Barkhausen 1954 (wie Anm. 18), S. 6, Anm. 14, und Schaal 2011 (wie Anm. 20), S. 1098, zu 1326 Nebelsieck 1939 (wie Anm. 22), S. 16f.

33 Vgl. Wilhelm Dersch, Hessisches Klosterbuch. Quellenkunde zur Geschichte der im Regierungsbezirk Kassel, im Kreis Grafschaft Schaumburg, in der Provinz Oberhessen und dem Kreis Biedenkopf gegründeten Stifter, Klöster und Niederlassungen von geistlichen Genossenschaften, Marburg 1940 (2. erg. Aufl.); Christoph Kösters und Peter Ilisch, Die Patrozinien Westfalens von den Anfängen bis zum Ende des Alten Reiches, Münster 1992. – Die Legende verknüpft sich in unklarer Weise mit derjenigen von vier römischen Soldaten, die bildliche Darstellung rekurriert jedoch fast immer auf die Legende der Steinmetze. Vgl. zu den Quellen: Acta Sanctorum Novembris, collecta digesta illustrata, a Carolo de Smedt, Francisco van Ortroy, Hippolyto Delehaye, Alberto Poncelet et Paulo Peeters, Presbyteris Societatis Iesu. Tomus III quo dies quintus, sextus, septimus et octavus continetur, Brüssel 1910, S. 748–784, zu den seltenen Darstellungen ebd. S. 763–765.

34 Vgl. exemplarisch Pierre du Colombier, Les Quatre Couronnés, patrons des tailleurs de pierre, in: La Revue des Arts (1952), Heft 4, S. 209–218. Frühestes Zeugnis in Deutschland ist ein Epitaph für den Kölner Dombaumeister Nikolaus von Bueren, gest. 1445 (heute Diözesanmuseum Köln), die früheste allgemeine Bruderschaftsordnung der Steinmetze für Straßburg, Wien und Köln 1459 stellt diese unter den Schutz der Trinität, Mariens und der Vier Gekrönten, mündlich tradierte ältere Gepflogenheiten sind vorauszusetzen. Vgl. dazu: Volker Segers, Studien zur Geschichte der Deutschen Steinmetzbruderschaft mit besonderer Berücksichtigung der für das Straßburger Gebiet geltenden Ordnungen und Bestätigungsurkunden (15. bis 17. Jahrhundert), Berlin 1980, bes. S. 47–51.

35 Matth. 1, 1–17, vgl. auch Lukas 3, 23–38, der die Genealogie bis zu Adam zurückführt. Vgl. zu den alttestamentlichen Prophetien vom Kommen eines Erlösers z.B. Jesaja 11, 1–10.

36 Vgl. etwa Gast 2005 (wie Anm. 12), S. 422, die Diskussion beherrscht vor allem die populäre Literatur.

37 Peter Keller, Die Wiege des Christuskindes. Ein Haushaltsgerät in Kunst und Kult, Worms 1998 (Manuskripte zur Kunstwissenschaft, 54); zur Praxis des Christkind-Wiegens mit Beginn in einem Männerkloster des 12. Jahrhundert ebd. S. 108–121; zur Wiege im Bild S. 155–179.

38 Die „Geburt des Gottessohnes im Herzen des Menschen" wurde erstmals von Origenes formuliert und ist im Hochmittelalter von Bernhard von Clairvaux, Hugo von St. Victor, Meister Eckhart und anderen ausgedeutet worden, vgl. Keller (wie Anm. 37), S. 82f. Vgl. exemplarisch zum metaphorischen Denken und seiner buchstäblichen Umsetzung im Bild im Rahmen der spätmittelalterlichen Andacht P. Pickering, Literatur und darstellende Kunst im Mittelalter, Berlin 1966.

39 Brigitte Heublein, Der „verkannte" Joseph. Zur mittelalterlichen Ikonographie des Heiligen im deutschen und niederländischen Kulturraum, Weimar 1998.

Verborgen und doch sichtbar – eine gemäldetechnologische Analyse zum Netzer Retabel

Alexandra König

Zu einem der frühsten in Hessen nachweisbaren Retabel gehört, ebenso wie das Retabel in Wetter (zwischen 1245–1265) und Hofgeismar (um 1310/1320), das Flügelretabel in Netze vor beziehungsweise um 1360, welches sich heute auf der steinernen Mensa im Chor der evangelischen Pfarrkirche zu Netze befindet (Tf. 11, 12).[1] Auch wenn in mittlerweile einigen Publikationen auf die kunsthistorische Bedeutung des Werks aufmerksam gemacht wurde, so kamen das Einbinden restauratorischer, materieller Befunde und die durch gemäldetechnologische Untersuchungen möglichen Erkenntnisse bei der Bewertung des Objekts oft zu kurz oder gar nicht zum Tragen.[2]

Die Untersuchung des Netzer Retabels mit der Technik der Infrarotreflektografie soll etwas sichtbar machen, das bei Betrachtung des Gemäldes zunächst verborgen bleibt: die Vorzeichnung unter der mit dem bloßen Auge wahrnehmbaren Malerei.[3] Diese Methode basiert darauf, dass die infrarote Strahlung von den verschiedenen Pigmenten unterschiedlich absorbiert wird und tiefer als sichtbares Licht eindringen kann. Eine Auswertung und auch die Durchführung der Untersuchung wurden im Rahmen des von der Deutschen Forschungsgemeinschaft geförderten Forschungsprojektes „Mittelalterliche Retabel in Hessen" durchgeführt; insgesamt wurden knapp 100 Objekte in den heutigen Bundeslandgrenzen Hessens mit dieser Methode untersucht.[4] Ziel solcher Kampagnen ist es, einen tieferen Einblick in das Schaffen des in diesem Fall unbekannten Künstlers und den Werkprozess zu erlangen. Die vorbereitende Zeichnung entsteht immer in Abhängigkeit zur später folgenden Malerei und kann unterschiedlich ausgereift und detailliert sein, die Malerei kann von ihr abweichen (in größerem oder kleinerem Maße), sie kann skizzenhaft und schematisch sein. Auch das Verwenden eines oder in manchen Fällen gar mehrerer Unterzeichnungsmittel kann das Verständnis für den Schaffensprozess eines Gemäldes erweitern.

Zentraler Gegenstand der folgenden Auswertung soll das Netzer Retabel sein: Wie ist das Flügelretabel materiell aufgebaut? Welche Befunde sind anhand der IRR-Aufnahmen sichtbar zu machen und wie sind diese möglicherweise zu deuten? Nicht zuletzt stellt sich auch die Frage, inwieweit diese Ergebnisse bei der weiteren Verortung und kunsthistorischer Einordnung des Retabels hilfreich sein können.

Kommen wir zunächst zum materiellen Befund der Tafeln. Auf der geöffneten Innenseite in Netze werden in insgesamt 13 Bildfeldern Stationen aus dem Leben Christi abgebildet, die Außenflügel sind stärker zerstört und zeigten wohl diverse Heilige sowie die Qattuor Coronati.[5] Das Bildwerk selbst misst in seiner Gesamtheit in geöffnetem Zustand (inklusive Rahmen) 133,5 cm x 475,0 cm x 9,5 cm, wobei die Mitteltafel eine Größe von 118,0 cm x 222,7 cm x 2,53,0 cm hat (ohne Rahmen) und die Flügel jeweils 117,5–118,0 cm x 112–112,5 cm x 2,5–3,0 cm (ohne Rahmen) groß sind.[6] An der linken Flügelaußenseite befindet sich eine Metallöse, die ehemals zum Verschließen des Retabels diente.

Es handelt sich um eine Temperamalerei auf Eichenholz mit Goldgrund.[7] Die Mitteltafel und auch die Flügel sind aus je vier Eichenbohlen zusammengesetzt, die Rahmung besteht aus aufgedübelten Balken, an den Flügeln beidseitig und an der Mitteltafel nur vorderseitig. Letztere war rückseitig ursprünglich zwischen den vertikalen Stützbalken mit Rauten verschiedener Farbgebung bemalt. Das Rautenmuster zeigt heute von links nach rechts im ersten und dritten Abschnitt rote Rauten mit schwarzem Liniennetz, die schachbrettartig mit weißen Rauten wechseln. Der zweite und vierte Abschnitt zeigt abwechselnd grüne und hellgrüne Rauten mit schwarzem Liniennetz.[8]

Der Rahmen der Tafeln wiederum ist mit schablonierten, geometrischen Mustern in Ölgoldtechnik auf rotem Grund versehen. Die Eichenbretter wurden mit einer Kreidekittschicht überzogen, darüber wurde grobes Leinen angebracht, bevor der mehrlagige Kreidegrund folgte. Nach dem glatt schleifen des Kreidegrunds konnte die spätere Aufteilung der einzelnen Bildfelder eingeritzt werden; solche Ritzungen sind an den Grenzen zwischen Goldgrund und Malerei sichtbar. Nach der Unterzeichnung, auf welche später noch genauer einzugehen ist, wurden in einem nächsten Schritt Poliment und Blattgold aufgetragen sowie die Nimben und Goldborten zwischen den Szenen aufgesetzt.

Im Folgenden konnte nun der Vordergrund gestaltet werden: die Temperafarben wurden in mehreren Schichten aufgetragen. Hengelhaupt charakterisiert die Farbgebung des Retabels als zurückhaltend und auf einen Grün-Rot Akkord beschränkt.[9] Die Restauratorin Uta Reinhold schildert den Farbeindruck als zurückhaltend: „Kräftige, harte Farbtöne gibt es nicht. […] Eine Qualitätsbestimmung der Pigmente erfolgte nicht. Die optische Bestimmung der verwendeten Farben basiert auf Erfahrungswerten. Folgende Pigmente wurden offenbar verwendet: Bleiweiß, Bleizinngelb, lichter und gebrannter Ocker, Siena natur und gebrannte Siena, gelbe Pflanzenlacke, Bleimennige, Zinnoberrot, Eisenoxidrot, Krapplack, Malachit, grüne Pflanzenlacke, Kupferacetat (Grünspan), Azurit, vielleicht Ultramarin, Pflanzenschwarz, Rußschwarz. Die graue Färbung der Unterzeichnung, die grobkörnig ist, lässt auf Beinschwarz als Pigment schließen. Als Bindemittel diente auch hier offenbar eine Tempera aus Kasein oder Ei mit Zusätzen von Pflanzengummi. […] Der Altar hat noch weitestgehend seine originalen, verbräunten Grünlacke und seinen originalen Schlussüberzug."[10]

Beschäftigt man sich nun genauer mit den IRR-Aufnahmen und der darauf erkennbaren Unterzeichnung, so ist zunächst zu beobachten, dass der Künstler hier mit einem anderen Unterzeichnungsmittel seine Malerei vorbereitet hat als dies beispielsweise in Wetter oder Hofgeismar der Fall ist, obgleich das Netzer Flügelretabel ebenfalls aus dem 14. Jahrhundert stammt. Beide Werke entstanden in der nächsten Umgebung und in einem ähnlichen Zeitraum. Das Retabel in Wetter wurde mit einem Pinsel in flüssigem Medium vorbereitet, das Retabel in Hofgeismar wohl mit einem färbenden Metallgriffel, der Ritzungen in die Grundierung skizzierte.

Die IRR-Aufnahmen aus Netze enthüllen unter der Temperamalerei und dem großflächigen Goldgrund eine überraschend ausführliche, durchgängige und stilistisch einheitliche vorbereitende Binnenzeichnung. Diese ist nach optischem Befund wohl mit einem Federkiel oder einem Stift ausgeführt worden; die einzelnen Striche und Linien wirken sehr fein und hart, nehmen jedoch in ihrer Dicke an keiner Stelle merklich ab oder formen eine deutlich ausgeprägte Taille (wie es beispielsweise bei Pinselstrichen erkennbar wäre). Neben den Konturen der einzelnen Figuren und Hintergründe werden so auch Schattierungen und spätere Farbverläufe deutlich gemacht, welche durch lange, sich bündelnde Linien angezeigt werden (Abb. 1).

Auf dem linken Innenflügel beginnt das Leben Christi mit der Verkündigung, der Geburt, der Anbetung und der Darbringung im Tempel. In allen vier Szenen hebt sich eine kleinteilige Unterzeichnung in dunkler Farbe vom Hintergrund ab: neben den Schäden in der Malschicht, welche sich bei der Verkündigung als dunkle Flecken zeigen, sind die beiden Figuren mit vielen einzelnen, oft locker gesetzten, lang gezogenen Strichen skizziert worden, bevor die Temperafarbe aufgetragen wurde. In diesem Bildfeld sind keine Abweichungen zur späteren Malerei feststellbar. Trotzdem zeigen sich hier bereits die charakteristischen Züge, die vor allem in den parallel und übereinander gebündelten Linien liegen. Nicht nur die Gewandfalten und deren Verlauf wurden so angelegt, sondern auch das geplante Farbschema. Die Flügel des Engels beispielsweise wurden in ihrer Form mit schwungvollen Linien vorskizziert, jedoch verdichtet sich die Zeichnung im unteren Bereich des linken Flügels, wo die Malerei von weiß in rötlich übergeht (Abb. 2, Tf. 14). Dasselbe Phänomen ist am Gewand Marias erkennbar, besonders deutlich an ihrer linken Schulter und unter ihrem linken Ärmel. Es ist demnach festzuhalten, dass hier genau

1   Kreuzigung, Infrarotreflektografie, Ausschnitt Mitteltafel, Netzer Retabel, vor bzw. um 1360, Netze, ehemalige Klosterkirche St. Maria (Foto Kunstgeschichtliches Institut Goethe Universität Frankfurt am Main)

geplant war, wie das Flügelretabel später aussehen sollte und man sich bis auf wenige Ausnahmen recht sklavisch an die Binnenzeichnung hielt.

Ebenso gründlich vorbereitet ist das Bildfeld daneben mit der Geburt Christi (Abb. 3, Tf. 15). Die auf einem Bett liegende Maria sowie der daneben sitzende Josef sind genauso systematisch unterzeichnet, und dieselben Verdichtungen an vielen Stellen der Gewänder sind augenfällig. Weiterhin wird in dieser Szene deutlich, dass manche Bereiche recht sicher anhand eines Striches oder einer Linie gesetzt wurden und an anderen Stellen sehr viel lockerer skizziert und ausprobiert wurde: die Lehne am Stuhl, auf welchem Josef sitzt und auch die

2   Verkündigung, Infrarotreflektografie, (Foto Kunstgeschichtliches Institut Goethe Universität Frankfurt am Main)

3   Geburt Christi (Detail), Infrarotreflektografie, (Foto Kunstgeschichtliches Institut Goethe Universität Frankfurt am Main)

Falten des Betttuchs an Marias Liegestätte sind sicher und gerade mit einer Linie gezogen, hier liegt nichts neben- oder aufeinander, es gibt keine Schraffuren. Anders ist dies an der Kleidung der beiden und am Kopfkissen Marias zu beobachten, wo erneut gebündelte, geschwungene Linien die Farbschattierungen vorweg nehmen. Selbst Details wie der exakte Faltenwurf an Josefs Ärmel und Brust sind vorbereitet worden. Deutliche Abweichungen zwischen Vorzeichnung und Malerei kommen nun im Bereich der Wiege zum Tragen. In diesem Fall wird vor allem ein Einblick in den Schaffensprozess des Künstlers möglich: Die Wiege, in der das neugeborene Christuskind liegt, wurde offensichtlich auf unterschiedliche Weise korrigiert. Vermutlich war ursprünglich eine Konstruktion mit einem quadratischen Kasten und zwei zu den Längsseiten parallel befestigten Kufen und (oder) vier Beinen an den Ecken vorgesehen, die sich genauso in der vorbereitenden Zeichnung wiederfindet. Letztendlich ausgeführt wurde eine Darstellung der Wiege, bei welcher der Kasten schräg nach links spitzer werdend zuläuft und die ebenso spitzen Kufen vor beziehungsweise hinter die zwei Beine auf den Seiten gesetzt werden und somit eine Mischlösung repräsentieren. Daraus ergeben sich nun zwei spekulative Möglichkeiten: Zum einen könnte es sich um ein simples Ausprobieren und eine Lösungsfindung für das genaue Darstellen der Wiege handeln. Zum anderen könnten hier allerdings auch gleicherweise zwei Künstler aus derselben Werkstatt tätig gewesen sein, wobei der ausführende Maler den Vorschlag des vorzeichnenden Künstlers nicht verstand und somit nur teilweise umsetzte, weshalb eine gemischte Lösung in der Malerei zu sehen ist.

Eine ähnliche Vorgehensweise findet sich im Bildstreifen darunter mit den Darstellungen der Anbetung der Könige links und der Darbringung im Tempel rechts unten. Die Ab-

4 Darbringung im Tempel, Infrarotreflektografie (Foto Kunstgeschichtliches Institut Goethe Universität Frankfurt am Main)

weichungen zwischen Vorzeichnung und Malschicht beschränken sich auf die Gesichter der Figuren, insbesondere die Position der Nasen und Münder wurde in beiden Bildfeldern leicht verändert. Sehr deutlich setzt sich erneut die klare Unterzeichnung des Stuhls Mariens links von den skizzenhaft wirkenden mehrmals nachgezogenen Strichen in den Gewändern ab. Die Form von Mariens Betttuchs am unteren Rand der Geburtsszene darüber taucht erneut ähnlich im Bildfeld der Darbringung am oberen Teil des Gewandes des Priesters auf (Abb. 4).

Die Mitteltafel des Flügelretabels führt das Leben Christi mit fünf Szenen fort und zeichnet sich durch dieselben Merkmale wie der linke Innenflügel aus, wobei einige Abschnitte sicherer ausgeführt wirken und andere durch einen suchenderen Duktus geprägt sind.

Beim Abendmahl sticht hervor, dass offenbar nicht alle Handstellungen der Apostel zu Beginn klar geplant waren, da für manche Hände Lücken in der Kontur des Tisches gelassen wurden, für die rechte Hand Christi ist dies jedoch nicht der Fall (Abb. 5). So wie auf dem linken Innenflügel wurden zudem die Position mancher Augen- und Mundpartien verschoben. Die linke Hand Judas, der vor dem Tisch sitzt und dem Christus eine Hostie reicht sollte ursprünglich ausgestreckte Finger haben, zeigt nun aber auf die Kreuztragung darunter und stellt somit einen Bezug zwischen den Szenen her. Damit wird auf die folgenden Leiden Christi verwiesen.

Im Bildfeld Christus vor Pilatus sind kleinere Abweichungen auszumachen (Abb. 6): der Haaransatz Christi wurde weiter nach hinten verschoben und die Größe der Füße zweier Figuren verkleinert. Die Knöpfe am Gewand des Knechts unmittelbar links neben Pilatus waren in der Unterzeichnung größer angelegt, die Malerei zeigt kleinere. Die Figur rechts neben Pilatus wiederum, die Kelch und Schüssel trägt, ermöglicht einen weiteren Einblick in die Werkgenese und die einzelnen Phasen der Unterzeichnung. Offenbar hat der Künstler nach dem Auftragen des Goldgrundes nur ungefähr den Platz für jede Figur beziehungsweise die Darstellung berechnet und im Malprozess festgestellt, dass dieser nicht immer ausreichend

5   Abendmahl (Detail), Infrarotreflektografie (Foto Kunstgeschichtliches Institut Goethe Universität Frankfurt am Main)

6   Christus vor Pilatus, Infrarotreflektografie (Foto Kunstgeschichtliches Institut Goethe Universität Frankfurt am Main)

war. Kopf und Schulterbereich wirken seltsam gedrängt und die Haare mussten weit nach hinten korrigiert werden, damit das Gesicht noch erkennbar bleibt.

Der Duktus der Unterzeichnung ist auch in der Kreuztragung der gleiche, hier und da wurden Nasen und Augenpartien ausgebessert und es tauchen Kreuzschraffuren am Rücken der rechten Figur auf. Detailtreue und Farbverlaufsvorbereitung durch Schraffuren sind wie in allen Bildfeldern sichtbar. Die Kreuzabnahme bleibt ohne zusätzlichen Befund und fügt sich den vorangegangenen Beobachtungen an.

Die phasenweise Planung mithilfe der Binnenzeichnung lässt sich ferner anhand der Kreuzigung auf der Mitteltafel nachvollziehen. Der Schächer zur Rechten Christi ist so angelegt, dass an einem Querbalken Aussparungen für seine Arme da waren, am zweiten Querbalken darunter jedoch sind die Linien durchgezogen und auch der Engel darüber wurde wohl erst danach gezeichnet, da die Querlinie des Balken durchscheint. Dasselbe gilt für den zweiten Schächer. Insgesamt ist die Kreuzigungsszene mit sehr viel Sorgfalt vorbereitet worden: Die Gesichter und Gewänder der Mariengruppe sind bis in das kleinste Detail unterzeichnet und im Vergleich mit den Gesichtern der Schächer sorgsam vorgezeichnet (Abb. 1). Dort fällt auch eine Wiederholung des Faltenwurfs einer der Marien ins Auge, da dieselben dreieckigen Falten am Ende des Gewandes wie schon auf dem linken Innenflügel auftauchen. Abweichungen sind am Kreuzbalken feststellbar, der am unteren Ende mit zwei locker gesetzten Linien etwas länger gezogen war, die Nase Christi wurde verschoben, genau wie Nase, Augen, Fuß- und Beinpositionen der Männer neben dem Kreuz rechts (Abb. 7).

Auf dem rechten Innenflügel sind vier weitere Szenen abgebildet, von links nach rechts die Himmelfahrt Christi, die Ausgießung des Heiligen Geistes, die Grablegung und die Auferstehung. Stilistisch fügen sich alle vier Bildfelder dem bisherigen ausgeführten Befund an.

Ein ähnliches Phänomen wie am linken Innenflügel in der Geburtsszene lässt sich bei der Grablegung Christi entdecken. Das Gesicht des mit geschlossenen Augen auf dem Tuch liegenden Christus ist eine Ansammlung diverser Korrekturen der Augenpartie und somit der gesamten Ausrichtung des Kopfes. Von einer eher zu den Jüngern und vom Betrachter abgewendeten Version bis hin zum endgültigen an die Vera Icon erinnernden Typus wurden mehrere Positionen ausprobiert und offenbar wieder verworfen (Abb. 8, Tf. 16). Gerade die angestrebte Assoziation mit dem Schweißtuch der Veronika, könnte ein Grund für die Wahl des Gesichtstypus gewesen sein, obgleich ebenso schlicht ein Verschätzen des zu Verfügung stehenden Platzes bis zum beginnenden Goldgrund als Ursache für die divergierenden Entwürfe möglich ist. In den anderen drei Bildfeldern kommt es nur zu geringen Abweichungen an Nasen und Augen.

7   Kreuzigung (Detail), Infrarotreflektografie (Foto Kunstgeschichtliches Institut Goethe Universität Frankfurt am Main)

8   Grablegung (Detail), Infrarotreflektografie (Foto Kunstgeschichtliches Institut Goethe Universität Frankfurt am Main)

An dieser Stelle ist festzuhalten, dass die Ausführlichkeit der feststellbaren Unterzeichnung eines so frühen Retabels bemerkenswert ist. Da es bis auf die Grablegung Christi (Gesicht) und die Geburtsszene (Wiege) äußerst geringe Unterschiede zwischen Malerei und Unterzeichnung gibt, scheint man hier nach Vorlagen gearbeitet zu haben. An anderen Stellen hingegen ist zu erkennen, dass die Binnenzeichnung ein Gerüst darstellt, mit dem Details einer Bildidee entwickelt wurden (womöglich auch ausgehend von einer Vorzeichnung auf Papier). Doch ist die Verbindlichkeit der Unterzeichnung für den folgenden Malprozess in diesem Altarbild auffallend ausgeprägt.

Da das Netzer Retabel vorderhand nicht an einen bekannten Künstler gebunden werden kann, ist ein gemäldetechnologischer Abgleich mit anderen Werken nur über verwandte Werke möglich. Als „nahe verwandt" wird unter anderem in der aktuellen und älteren Forschung immer wieder die Beziehung zwischen dem Netzer und dem sogenannten Osnabrücker Altar erwähnt (Tf. 13).[11] Beide Retabel ähnlen sich in ihrer Anlage und ihrer Komposition: eine Kreuzigungsszene in der Mitte und je zwei Passionsszenen daneben sowie die beiden bemalten Flügel mit weiteren Bildfeldern. Aufgrund zusätzlicher Gemeinsamkeiten – wie der Aufteilung der Bildfelder, der Anlage einzelner Figurengruppen, den ähnlichen Gesichtstypen und Gewandgestaltungen –, wird angenommen, dass beide Retabel aus einer Werkstatt stammen.[12] Unterschiede bestehen in der Größe, der heutigen Farberscheinung und der Leserichtung der Szenen sowie an manchen Stellen auch in der Komposition, wie Meyer-Barkhausen schon 1929 betonte.[13] Der voneinander abweichende Farbeindruck der beiden Retabel könnte auf die unterschiedliche Provenienz und Restaurierungshistorie zurückzuführen sein. Auch der Firnis des Altarbilds aus (vermutlich) Osnabrück zählt nicht mehr zum Originalbestand.

Das Osnabrücker Retabel zeigt wie das Netzer Altarbild Darstellungen aus dem Leben Jesu: Auf dem linken Innenflügel die Verkündigung, die Geburt Christi, die Anbetung der Könige, die Darbringung im Tempel, auf der Mitteltafel dann den Einzug in Jerusalem, die Kreuztragung, die Kreuzigung, die Kreuzabnahme und die Grablegung, auf dem rechten Innenflügel die Himmelfahrt Christi, die Ausgießung des Heiligen Geistes, Christus in der Vorhölle und zuletzt die Auferstehung. Auf den Außenflügeln haben sich ähnlich wie in Netze nur Malereifragmente erhalten, wobei diese im Gegensatz zu Netze auf ein mariologisches Thema wie Krönung und Marientod schließen lassen.[14]

Der Bildträger des Osnabrücker Bildwerkes war ursprünglich Eichenholz, ist aber heute eine 25 mm dicke Sperrholzplatte, da 1954 eine Übertragung der Malerei folgte.[15] Die Mitteltafel ist 117 cm x 262,5 cm groß, die beiden Flügel messen je circa 118 cm x 122,5 cm (Malfläche) und sind somit etwas größer als die des Netzer Retabels. Der Restaurierungsbericht des Kölner Wallraf-Richartz-Museums, in dessen Besitz sich das Retabel heute befindet, identifiziert einen namentlich nicht bekannten Westfälischen Meister und spricht sich für eine Datierung um 1370/80 aus, womit es kurz nach dem Netzer Retabel entstanden wäre. Es handelt sich um eine Temperamalerei auf weißer Grundierung. Ursprünglich setzte sich die Mitteltafel aus drei horizontal montierten Eichenbrettern zusammen, auf der Rückseite befanden sich fünf senkrechte Balken. Dieser Aufbau entspricht exakt der rückseitigen Sicherung des Netzer Retabels, die heute noch erhalten ist (Abb. 9). Die Seitenflügel waren aus je vier horizontalen Eichenbrettern zusammengesetzt, die mit Leinwand überzogen waren; gerahmt wurden die Tafeln von einem auf den Brettern angebrachten Leistenrahmen, welcher sich ebenfalls in derselben rotgoldenen Bemalung am Netzer Retabel finden lässt. Der geschichtete Aufbau mit Kreidegrund und Leinwandbeklebung stimmt bei beiden Retabeln überein ebenso wie die Verwendung von Eichenholz und Temperafarben. Da bei der Übertragung des Retabels aus dem Kölner Museum auf einen anderen Träger im 20. Jahrhundert Teile der Mal- und Grundierschicht verloren gingen, ist ein Vergleich der beiden Retabel in materieller Hinsicht nur mit Vorsicht zu ziehen.

Neben den bereits dargelegten Parallelen im materiellen Bestand und Erscheinungsbild, spricht der Vergleich der IRR-Aufnahmen eine

9 Rückseite der Mitteltafel, 1962/64 (Foto Bildarchiv Foto Marburg)

eindeutige Sprache. Betrachtet man zunächst isoliert den Befund der gemäldetechnologischen Untersuchung am Osnabrücker Retabel, so ist festzuhalten, dass es sich um eine Unterzeichnung mit einem Stift oder einer Feder handelt. Sie ist durchgehend und stilistisch einheitlich. Die Mariengruppe und Johannes neben Christus am Kreuz auf der Mitteltafel zeigen dies am auffälligsten: Die Gewänder der Figuren sind detailreich vorgezeichnet worden, auch die Gesichter und Hände sind in der Binnenzeichnung bereits angelegt. In den Gewandfalten werden spätere Farbverläufe und Schattierungen durch mehrere, dicht nebeneinander gesetzte, dunkle Striche vorgegeben (Abb. 10). Trotz der Ausführlichkeit der Unterzeichnung macht diese an vielen Stellen einen skizzenhaften Eindruck. Dieser Charakter gleicht dem der Unterzeichnung in Netze enorm.

Die Art und Weise, wie am unteren Ende die Gewänder der Marien neben dem Kreuz fallen, ähnelt dem Netzer Befund ebenso. Die dreieckige Falte als Abschluss einer Stoffbahn fällt in beiden Szenen gleichermaßen ins Auge, wobei hier auch sichtbar ist, dass die Netzer Unterzeichnung im Vergleich sehr viel lockerer, manches Mal unsauberer und skizzenhafter wirkt (Abb. 11). Ein Vergleich der beiden Geburtsszenen auf dem jeweiligen linken Innenflügel zeigt in der Malerei diesbezüglich Unterschiede auf (Abb. 12, 13). Eine dreieckig konstruierte Stallkonstruktion überfängt Maria, die auf der linken Bildhälfte in einem Bett liegt. Dahinter stehen ein Ochse und ein Esel und auf der rechten Bildhälfte sitzt Josef – dies ist beiden Retabeln gemein. In Netze steht links zusätzlich eine Wiege, in der das Christuskind liegt, auf dem Osnabrücker Werk hält Maria das Kind im Arm. Zudem dreht sich Josef jeweils in eine andere Richtung. Die Infrarotreflektografie enthüllt weitere Übereinstimmungen zwischen den Unterzeichnungen, denn das Unterzeichnungsmittel ist dasselbe, auch der Duktus der Schraffuren und Konturen ist miteinander verwandt, da wieder langgezoge-

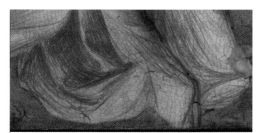

10 Westfälischer Meister (?), Osnabrücker Retabel, um 1370/80, Wallraf-Richartz-Museum, Köln (Foto Bildarchiv Foto Marburg)

11 Vergleich Kreuzigung, Gewandpartie der Mariengruppe, Infrarotreflektografie, unten Netzer Altar, oben Osnabrücker Retabel (Foto Kunstgeschichtliches Institut Goethe Universität Frankfurt am Main)

Abb. 12: Geburt Christi, Infrarotreflektografie, Osnabrücker Retabel (Foto Kunstgeschichtliches Institut Goethe Universität Frankfurt am Main)

Abb. 13: Geburt Christi, Infrarotreflektografie, Netzer Retabel (Foto Kunstgeschichtliches Institut Goethe Universität Frankfurt am Main)

ne Linien auftauchen, die sowohl Gesichter, als auch Konturen, Gewänder und Hintergründe vorbereiten. Am Fußende Mariens taucht erneut die Dreiecksfalte als Gewandabschluss auf, die auch an der Kreuzigungsgruppe auf beiden Retabeln zu beobachten waren (Abb. 1).

In der Gesamtschau sind am Osnabrücker Retabel nur geringfügige Abweichungen zwischen Malerei und Unterzeichnung ablesbar, größere Korrekturen beziehungsweise Einblicke in Findungsprozesse wie in Netze bleiben aus. Hinsichtlich Detailgenauigkeit und Ausführlichkeit der Vorzeichnung gibt es durchaus Unterschiede zwischen Netze und Osnabrück, wobei die stilistische Ähnlichkeit bestehen bleibt. Erklärbar wäre dies eventuell durch zwei Künstler derselben Werkstatt, die nach denselben Vorlagen gearbeitet haben. Die gemäldetechnologische Untersuchung mittels der Infrarotreflektografie und die Auswertung des materiellen Bestandes der beiden kurz nacheinander entstandenen Retabel jedoch sprechen eindeutig, kongruent zum aktuellen kunsthistorischen Forschungsstand, für eine gemeinsame Werkstatt der beiden Altarbilder.

Anmerkungen

1 Näheres zu Wetter: http://archiv.ub.uni-heidelberg.de/artdok/volltexte/2016/3537; näheres zu Hofgeismar: http://archiv.ub.uni-heidelberg.de/artdok/volltexte/2016/3500 (Forschungsergebnisse des DFG-Projekts „Mittelalterliche Retabel in Hessen" via Art-Dok Heidelberg).

2 Letzte Publikationen zum Netzer Retabel waren u.a.: Andrea Zupancic und Thomas Schilp (Hrsg.), Der Berswordt-Meister und die Dortmunder Malerei um 1400. Stadtkultur im Spätmittelalter (Veröffentlichungen des Stadtarchivs Dortmund, Bd. 18), Bielefeld 2002, S. 223–254; Iris Grötecke, Flügelretabel in Netze (b. Waldeck), in: Geschichte der bildenden Kunst in Deutschland. Bd. 3. Gotik, hrsg. von Bruno Klein, München 2007, Nr. 163, S. 423–424.

3 Die Untersuchung wurde mit dem Osiris A1 Infrarot-Aufnahmesystem durchgeführt, im Rahmen der Städel-Kooperationsprofessur am Kunstgeschichtlichen Institut der Goethe-Universität Frankfurt.

4 Näheres zum Projekt: http://www.kunst.uni-frankfurt.de/de/forschung/projekte/mittelalterliche-retabel-in-hessen/.

5 Dieses und weitere Retabel wurden innerhalb des von der DFG geförderten dreijährigen Forschungsprojektes „Mittelalterliche Retabel in Hessen" der Universitäten Frankfurt am Main, Marburg, Osnabrück sowie des Bildarchivs Foto Marburg untersucht und erforscht. Eine Datenbank und eine zweibändige Publikation befinden sich in der Vorbereitung. Die folgenden gemäldetechnologischen Befunde entstammen diesem Projekt.

6 Alle Informationen zu Größe, Material und Technik sind dem Restaurierungsbericht des Landesdenkmalpflegeamtes Hessen in Wiesbaden entnommen, welche uns freundlicherweise zu Verfügung gestellt wurden. Vgl. Uta Reinhold, Restauratorische Bestandserfassung 2006–2011 (betrifft Retabel in Netze), unpubliziert, S. 2.

7 Vgl. Christine Ritter, Kunstführer Netze (Kunstführer des Heimatbundes für Kurhessen und Waldeck, N.F. Bd. 5), Korbach 1960, S. 8; Grötecke 2007 (wie Anm. 2), Nr. 163, S. 423.

8 Vgl. Werner Meyer-Barkhausen, Das Netzer Altarbild. Ein bisher unbeachtetes Meisterwerk der frühen deutschen Tafelmalerei, in: Jahrbuch der Preußischen Kunstsammlungen 50 (1929), S. 233–255, hier S. 255.

9 Vgl. Uta Hengelhaupt, Der Netzer Altar. Die Zeitqualität der Raumform und die farbige Gestaltung, in: Diversarum artium studia. Beiträge zu Kunstwissenschaft, Kunsttechnologie und ihren Randgebieten. Festschrift für Heinz Roosen-Runge, hrsg. von Helmut Engelhart und Gerda Kempter, Wiesbaden 1982, S. 109–115.

10 Vgl. Reinhold 2006–2011 (wie Anm. 6), S. 2f. Weitere Angaben zur Konstruktion, Technik und verwendeten Farben auch bei Uta Reinhold, Die Restaurierung des Netzer Altares. Der Versuch, die Identität eines Objektes zu bewahren, in: Denkmalpflege in Hessen 1 (1988), S. 26–28, hier S. 27f. Eine ausführliche Darstellung der Farbigkeit und ihrer Umsetzung bei Marie Kempfer, Die Farbigkeit als Kriterium für Werkstattbeziehungen dargestellt an zehn Altären aus der Zeit zwischen 1370 und 1430, in: Gießener Beiträge zur Kunstgeschichte 2 (1973), S. 11–14.

11 Osnabrück, Flügelretabel, heute Köln, Wallraf-Richartz-Museum, Inv.Nr. WRM 0351; zur Ähnlichkeit der beiden Stücke vgl. u.a. Meyer-Barkhausen 1929 (wie Anm. 8), S. 47.

12 Näheres zu den Gemeinsamkeiten u.a. bei Andrea Zupanic, Der Berswordt-Meister und die Kunst seiner Zeit, in: Zupanic / Schilp 2002 (wie Anm. 2), S. 223–254, hier S. 226f. Näheres zu den etwaigen Werkstattzusammenhängen u.a. bei Meyer-Barkhausen 1929 (wie Anm. 8), S. 246f.; Zupancic 2002 (wie Anm. 12), S. 227; Esther Wipfler, „Corpus Christi" in Liturgie und Kunst der Zisterzienser im Mittelalter, Münster 2003, S. 126; Götz J. Pfeiffer, Die Malerei am Niederrhein und in Westfalen um 1400. Der Meister des Berswordt-Retabels und der Stilwandel der Zeit, Petersberg 2009, S. 165.

13 Vgl. Meyer-Barkhausen 1929 (wie Anm. 8).

14 Vgl. Meyer-Barkhausen 1929 (wie Anm. 8), S. 246; Pieper 1964 (wie Anm. 10), S. 51

15 Alle Informationen zu Größe, Material und Technik sind dem Restaurierungsbericht des Wallraf-Richartz-Museums in Köln entnommen (nicht publiziert). An dieser Stelle bedanke ich mich ganz herzlich bei Frau Iris Schaefer, Leiterin der Abteilung Kunsttechnologie und Restaurierung des WRM, für das Bereitstellen des Materials und die Zusammenarbeit.

Tafelteil

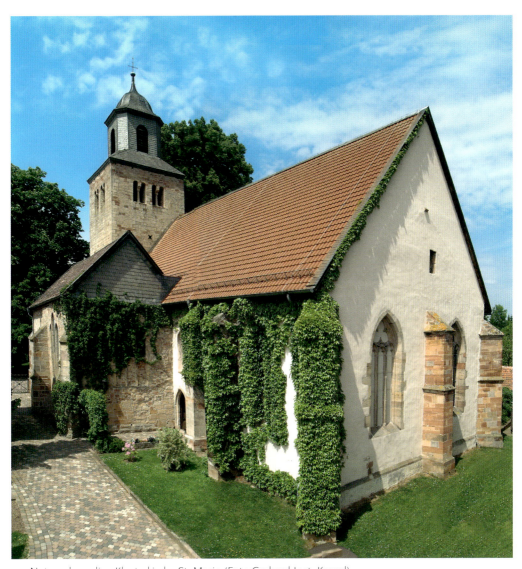

1 Netze, ehemalige Klosterkirche St. Maria (Foto Gerhard Jost, Kassel)

2 Netze, ehemalige Klosterkirche St. Maria, Nonnenempore, Blick nach Westen (Foto Jens Ruffer)

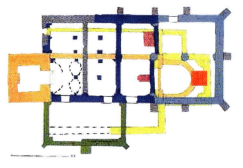

3.0 Rekonstruktion aller Bauphasen

3.1 Rekonstruktion der ersten Saalkirche

3.2 Erweiterung der ersten Kirche um Seitenschiffe

3.3 Errichtung einer zweischiffigen Hallenkirche

3.4 Erweiterung der Kirche nach Osten

3 Netze, ehemalige Klosterkirche St. Maria, Bauphasenplan nach Kulick (Repro Kulick 1992, S. 69)

4   Netze, ehemalige Klosterkirche St. Maria, Blick nach Osten (Foto Jens Rüffer)

Tf. 5: Netze, ehemalige Klosterkirche St. Maria, Pfeiler MP3 (Foto Jens Rüffer)

6   Netze, ehemalige Klosterkirche St. Maria, Pfeiler MP4 (Foto Jens Rüffer)

7   Inneres der Nikolauskapelle nach Nordosten (Foto Bildarchiv Foto Marburg)

8 Inneres der Nikolauskapelle nach Südwesten (Foto Bildarchiv Foto Marburg)

9 Grabmonument Graf Philipps IV. von Waldeck (†1574), Andreas Herber (Foto Bildarchiv Foto Marburg)

10 Grabmonumente Graf Daniels (†1577) und Gräfin Barbaras (†1597) von Waldeck, Andreas Herber (Foto Bildarchiv Foto Marburg)

11 Netze, ehemalige Klosterkirche St. Maria, Blick in das Südschiff mit Retabel (Foto Gerhard Jost, Kassel)

12 Netzer Retabel, um 1360, ehemalige Klosterkirche St. Maria, Waldeck-Netze (Foto Bildarchiv Foto Marburg)

13 Westfälischer Meister (?), Osnabrücker Retabel, um 1370/80, Wallraf-Richartz-Museum, Köln (Foto Rheinisches Bildarchiv, Köln)

14 Netzer Retabel, um 1360, Verkündigung, ehemalige Klosterkirche St. Maria, Waldeck-Netze (Foto Gerhard Jost, Kassel)

15 Netzer Retabel, um 1360, Geburt Christi, ehemalige Klosterkirche St. Maria, Waldeck-Netze (Foto Gerhard Jost, Kassel)

16 Netzer Retabel, um 1360, Grablegung, ehemalige Klosterkirche St. Maria, Waldeck-Netze (Foto Gerhard Jost, Kassel)

17 Netzer Retabel, um 1360, Beweinung, ehemalige Klosterkirche St. Maria, Waldeck-Netze (Foto Gerhard Jost, Kassel)